KUBA
0 50 100 Kilometer
0 50 100 Meilen
Bahamas
Atlantischer Ozean
Morón
Sancti Spíritus
Ciego de Avila
Ciego de Avila
Florida
Nuevítas
Camagüey
Camagüey
Puerto Padre
Las Tunas
Las Tunas
Banes
Holguín
Antilla
Santa Cruz del Sur
Amancio
Holguín
Mayarí
Moa
Baracoa
Manzanillo
Bayamo
Santiago de Cuba
Guantánamo
Palma Soriana
Granma
Guantánamo
Cobre
Santiago de Cuba
Pilón
Jamaika
Haiti

W0248814

KUBA

ARCHITEKTUR AUS VIER JAHRHUNDERTEN

KUBA

ARCHITEKTUR AUS VIER JAHRHUNDERTEN

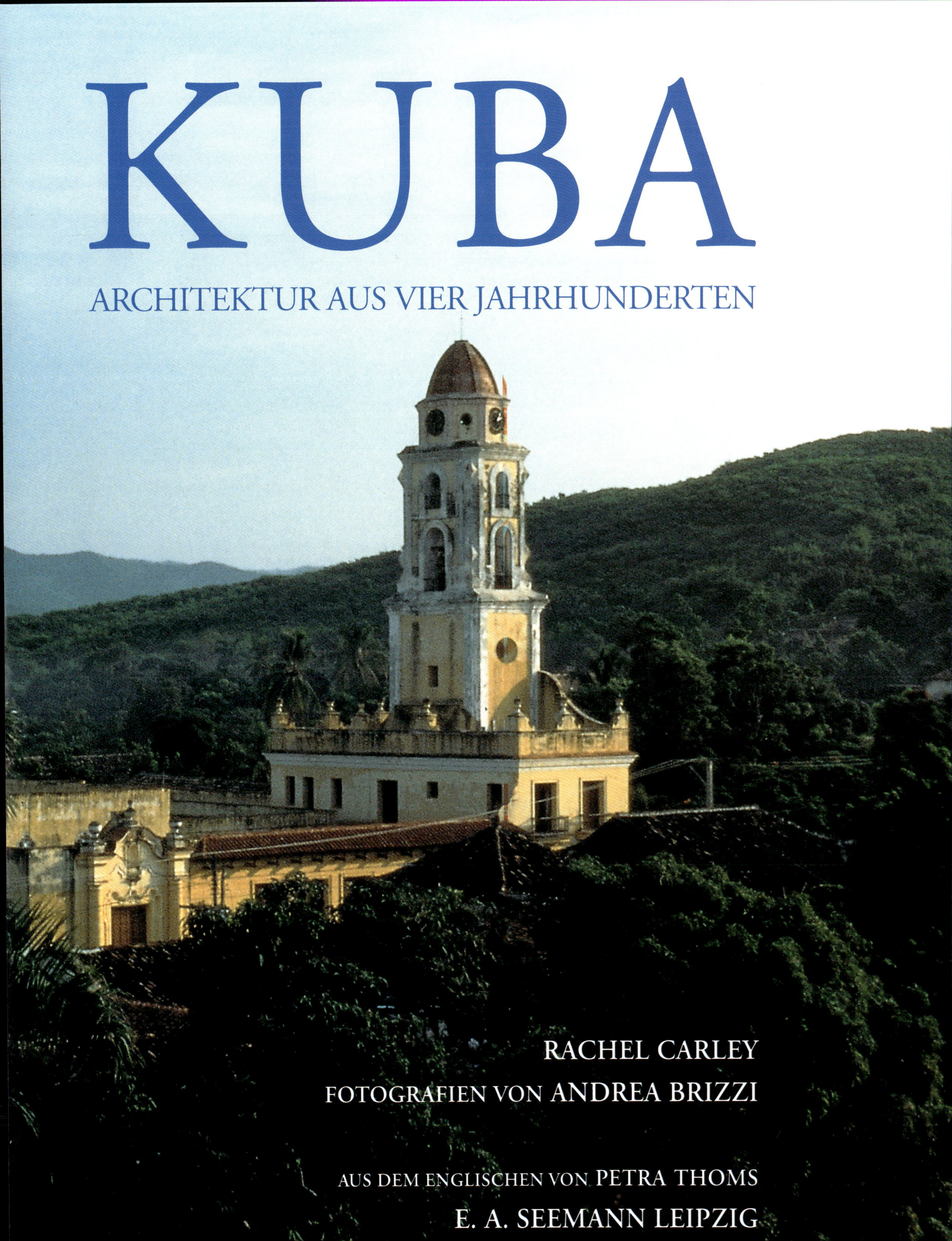

RACHEL CARLEY

FOTOGRAFIEN VON ANDREA BRIZZI

AUS DEM ENGLISCHEN VON PETRA THOMS

E. A. SEEMANN LEIPZIG

Für alle Kubaner auf der ganzen Welt

DANKSAGUNGEN

Unser ganz besonderer Dank gilt Lohania Aruca Alonso und Mario Coyula Cowley in Havanna. Ohne ihre Unterstützung und Erfahrung wäre dieses Buch nicht zustande gekommen. Weiterhin danken wir Tony Mederos Alfonso, Patricia Rodríguez Aloña, Roberto López Bastida, Neri Battaglini, René Caparrós, Miguel Coyula, Mercedes Sanchez Cruz, Irán Milán Cuétara, Stephanie Davies, Jeffrey DeLaurentis, Javier DeLeon, Eduardo González Delgado, Magdalena Mustelier Dominguez, Roberto Vittloch Fernández, Ziva Freiman, Roberto López García, Francisco Joel Pérez González, Juan Luis Hernandez, Nelson Melero Lazo, Sandra Levinson, Marsha Melnick, Francisco Luna Marrero, Rafael Rojas Hurtado de Mendoza, Susan Meyer, Cecilia Olin, Victor Echengosía Peña, Micaela Porta, William Gattorno Rangal, Felix de la Noval Ravelo, María del Rosario Guerra, Olga María Ruíz Quintana, Isabel Hechavarria Ramirez, Giselle Reynaldo Reyes, Omar López Rodríguez, Raúl Rodríguez, Raúl Ruíz, Marcella Santini, Zoila Cuadras Sola, Carlos Sotolongo und Nancy Benitez Vásquez.

Dieses Buch wäre nicht möglich gewesen ohne das umfassende Wissen über kubanische Architektur und Geschichte der folgenden Autoren: Jean-François LeJeune, Llilian Llanes, Louis A. Pérez, Eduardo Luis Rodríguez, Roberto Segre, Eduardo Tejeira-Davis, Hugh Thomas und Joaquín Weiss y Sanchez.

VOM FOTOGRAFEN

Mein Beitrag zu diesem Buch ist eine Liebeserklärung an Kuba und die Menschen, die dort leben. Ich habe schon viele Bäume gepflanzt, und einen Sohn habe ich auch, also fehlte mir laut Martís Lebensregel nur noch ein Buch. Als ich mich zum ersten Mal mit dem Gedanken trug, ein Buch über kubanische Architektur zu machen, konnte ich mir nicht vorstellen, wie diese Insel mich verändern würde.

Inseln, und ganz besonders große, haben etwas Besonderes an sich – sowohl was die Kultur als auch die Natur angeht; sie nehmen Einflüsse auf und machen sie sich zu eigen. Kuba ist auf mehr als eine Art eine Insel, und all die Jahre der Isolation vom Festland, dem es so nahe war, haben Kuba noch „exotischer“ gemacht. Ein Exotentum, das nicht durch Raum, sondern durch Zeit bestimmt ist, denn in Kuba wird nichts weggeworfen: weder alte Autos noch alte Lieder, und ganz sicher nicht die Architektur.

Um es mit Balzac zu sagen: Hinter jeder großen Architektur verbirgt sich eine große Ungerechtigkeit. Dies gilt auch für Kuba. Ich hoffe, daß meine Fotografien ihrem Thema gerecht werden, einem Land, das so voller emotionaler Metaphern ist, daß es keinen unberührt läßt.

Andrea Brizzi

Die Deutsche Bibliothek – CIP-Einheitsaufnahme

Kuba : Architektur aus vier Jahrhunderten / Rachel Carley. Fotogr. von Andrea Brizzi.
Aus dem Engl. von Petra Thoms. – Leipzig : Seemann, 1998
Einheitssacht.: Cuba <dt.>
ISBN 3-363-00684-5

Erstveröffentlichung in den USA 1997 unter dem Titel Cuba: 400 Years of architectural heritage
bei The Whitney Library of Design, an imprint of Watson-Guptill Publications, Inc., New York
© 1997 by Rachel Carley und Andrea Brizzi

Übersetzung ins Deutsche: Petra Thoms

© der deutschen Übersetzung 1998 by E. A. Seemann Verlag in der Dornier Medienholding GmbH, Berlin

Die Verwertung der Texte und Bilder, auch auszugsweise, ist ohne Zustimmung des Verlags urheberrechtswidrig und strafbar. Dies gilt auch für Vervielfältigungen, Übersetzungen, Mikroverfilmungen und für die Verarbeitung mit elektronischen Systemen.

Umschlaggestaltung: Konstantin Buchholz
Satz: Thoms Graphik Design, Berlin
Lektorat: Friederike Arnold und Eva Hauck
Druck und Bindung: Jütte Druck, Leipzig
Printed in Germany
Gedruckt auf alterungsbeständigem Papier
mit chlorfrei gebleichtem Zellstoff

S. 1: Kirche *San Juan Bautista* in Matanzas.

S. 2-3: Kirche *San Francisco* in Trinidad.

Fotografien auf S. 107 unten und S. 117 von Rachel Carley.

INHALT

Vorwort 6

Wurzeln der kubanischen Architektur 8

Die frühe Kolonialzeit 48
1512–1762

Die späte Kolonialzeit 80
1762–1898

Die Republikanische Ära 128
1898–1959

Die Zeit der Revolution 182
1959 bis zur Gegenwart

Abriss der kubanischen Geschichte 218

Quellenangaben 221

Literaturhinweise 222

Register 224

VORWORT

Die Flugzeit von Miami nach Havanna beträgt nur eine knappe Stunde. Doch wer diese 90-Meilen-Strekke über die Straße von Florida einmal zurückgelegt hat, der weiß, daß diese Entfernung über die wirkliche Distanz zwischen Kuba und dem Rest der Welt hinwegtäuscht. Auch fast vier Jahrzehnte nach der Revolution und Fidel Castros Machtübernahme im Jahre 1959 befindet sich die Inselrepublik mit ihren elf Millionen Einwohnern noch immer in einer schmerzhaften Übergangsphase: Zu unversöhnlich klafft der Gegensatz zwischen sozialistischer Ideologie und den real existierenden Konsequenzen der Enteignungspolitik. Zwar wurden bedeutende Fortschritte im Bildungs- und Gesundheitswesen erzielt, doch wird durch den Stopp der finanziellen Unterstützung durch die Sowjetunion sowie aufgrund der Wirtschaftsblockade der USA eine durch internes Mißmanagement ohnehin schon angeschlagene Volkswirtschaft weiter in ihrer Entwicklung beeinträchtigt. Der Fortschritt scheint an vielen Städten spurlos vorübergegangen zu sein, überall fallen die Versäumnisse ins Auge: Abblätternde Farbe, absakkendes Mauerwerk und leere Ladenfronten verbreiten ein Bild der Trostlosigkeit.

Auffallende Progressivität und zugleich eigenartiges Verharren in der Vergangenheit zeichnen Kubas von Widersprüchen geprägte Geschichte aus. Seit Christoph Kolumbus 1492 die größte Insel der Antillen entdeckte, war Kuba begehrt, wurde kolonisiert und ausgebeutet, seine Dekadenz angeprangert und seine Rätselhaftigkeit und Schönheit gepriesen; eine Insel, die die erste Eisenbahnlinie im hispanischen Teil der Welt ihr eigen nannte, aber bis 1931 nicht einmal eine ausgebaute Landstraße besaß; die ihre kolonialen Zuckerplantagen nach Heiligen benannte, sie aber mit Hilfe von Sklaven bewirtschaften ließ; die einen brutalen Diktator an ihre Spitze stellte, ihm aber aufgrund seiner Herkunft – er war Mulatte – die Mitgliedschaft in einem exklusiven Club in Havanna verwehrte.

Wenn man heute durch Kuba reist, kann man sich nur schwerlich des Eindrucks erwehren, daß die gegenwärtigen Probleme das Land in einer seltsamen Erstarrung gefangenhalten, wo es stur zwischen der Erinnerung an die Vergangenheit und der Hoffnung auf die Zukunft verharrt. Doch obwohl die Kubaner unvorstellbare Entbehrungen hinnehmen müssen, sind sie dennoch die großzügigsten und erfindungsreichsten Menschen der Welt. Seife und Benzin mögen vielleicht schwer aufzutreiben sein, aber niemals läßt es ein Kubaner an Gastfreundlichkeit mangeln. Der Rum fließt, die Musik spielt, Ideen werden ausgetauscht, und irgendwie kommt man schließlich auch dorthin, wo man eigentlich hin will – mit sechs oder sieben Cousins, Freunden und Helfern im Schlepptau. Letztendlich ist es unmöglich, von diesem so ungewöhnlichen, leidenschaftlichen, liebenswerten wie traurigen Land nicht berührt zu werden. Wer einmal erlebt hat, wie der Mond über *El Morro* aufgeht oder wie die melancholischen Klänge eines kubanischen Boleros aus einer *Casa de Trova* herüberwehen, der weiß, daß die Insel ihn für immer in ihren Bann gezogen hat.

Die Mangelwirtschaft hat sich natürlich auch als erhaltendes Element erwiesen, und durch das Fehlen jeglicher baulicher Weiterentwicklung blieb eine Fülle an bemerkenswerten Bauwerken, ja ganzen Städten erhalten, die vier Jahrhunderte kubanischer Geschichte widerspiegeln – verschont von den Einschnitten und städtebaulichen Ausuferungen der Neuzeit. Leider ist dieses außergewöhnliche Erbe zunehmend in Gefahr. Obwohl in den siebziger Jahren vom Staat ein aussichtsreiches und umfassendes Programm zur Erhaltung einzelner historischer Bauwerke sowie ganzer Städte und Landschaftsgebiete beschlossen wurde, hat die kubanische Regierung vor kurzem einen aggressiven Entwicklungsplan zur Förderung des Tourismus verabschiedet, der als der Wirtschaftszweig mit der schnellsten Wachstumsrate der Insel harte Währung ins Land bringt. Als direktes Resultat der intensiven Werbung um ausländische Besucher, die dem Staat 1996 ein Gesamteinkommen von 1,25 Milliarden Dollar einbrachten, wurden Restaurierungsarbeiten in historischen Zentren eingeleitet, wo eine wachsende Zahl von Gebäuden aus der Kolonialzeit zu gewinnbringenden Restaurants und Souvenirgeschäften umgebaut wird. Gleichzeitig schießen Luxus-Ferienanlagen wie Pilze aus dem Boden und verschandeln die Strände Kubas. Viele der Restaurierungs- und Neubauprojekte sind Gemeinschaftsunternehmen des kubanischen Staats und ausländischer Firmen, die Fidel Castro aktiv umworben hat, da sich durch den Zusammenbruch des Ostblocks 1989 die Handelsbeziehungen Kubas deutlich verschlechtert haben.

Angesichts der allzu rasanten Entwicklung des Tourismus befindet sich der kubanische Staat oft im Widerstreit mit seinen eigenen Bemühungen zur Erhaltung von Kulturgütern. Größtenteils stellte der komplexe Gesetzesentwurf, der das „nationale Erbe“ zum Bestandteil der Verfassung erhebt, eine Reaktion auf die zügellosen und häufig von Korruption geprägten Grundstücksspekulationen der fünfziger Jahre dar. Beim Bau von Projekten, die das Regime unter Fulgencio Batista förderte, wurden einige Wahrzeichen von Havanna zerstört.

Ein Fischerhaus mit breiter Veranda als Beispiel für die einfachen Holzhäuser der kubanischen Küstenorte.

Die Gesetzgebung zur Erhaltung des kubanischen Kulturerbes hat erheblich zu dessen Schutz beigetragen; so werden zum Beispiel jedes Jahr neue Stätten unter Denkmalschutz gestellt. Aber die Absicht, das kulturelle Erbe Kubas gesetzlich zu schützen, spiegelt auch wichtige politische Überlegungen wider.

Eine solche Gesetzgebung macht das Streben nach einer kollektiven oder nationalen Identität deutlich, die sowohl grundlegend ist für die marxistisch-leninistische Ideologie als auch für die Unterstützung einer Zentralregierung durch die Bevölkerung. In Kuba wird sogar die Geschichte politisiert, und aus kubanischer Sicht liegt es an der Bevölkerung selbst, ob sie diese bewahren oder veräußern will.

Viele engagierte und aufgeklärte Historiker, Stadtplaner, Architekten und Denkmalpfleger, die mit ihrer Arbeit die einzigartige Architektur der Insel bewahren wollen, befinden sich in einem Dilemma zwischen dem staatlichen Erhaltungsprogramm und dem Drang nach gewinnorientierter Entwicklung der Tourismusbranche. So sind Alt-Havanna und die Kolonialstadt Trinidad sowie das nahegelegene Valle de los Ingenios in Anerkennung ihres historischen, architektonischen und archäologischen Wertes von der UNESCO zum Weltkulturerbe erklärt worden. Finanzielle Mittel wurden dennoch kaum bereitgestellt. Und selbst wenn Geld und Material zur Verfügung stünden, wäre kein Betrag groß genug, um ein ganzes Land zu retten, das die Instandhaltung seiner Bauwerke über einen Zeitraum von vierzig Jahren weitgehend vernachlässigt hat. Große Schutthaufen zeugen in jeder Stadt davon, daß tagtäglich Häuser einstürzen; oft weil Baumaterial für andere Projekte entwendet wird. In ein, zwei Jahren wird es sinnvoller erscheinen, baufällige Viertel abzureißen, anstatt sie zu erhalten.

Dieses Buch würdigt somit nicht nur eine außergewöhnliche Geschichtsepoche, sondern dokumentiert auch die noch vorhandene Bausubstanz, die allerdings schon bald der Vergangenheit angehören wird. Wir möchten auf diese einzigartigen Schätze aufmerksam und sie anderen zugänglich machen, denn wir glauben, daß von Kubas zahlreichen Eigenheiten keine mehr Aufschluß über Evolution und Revolution der Insel gibt als ihre Architektur.

Rachel Carley
Washington, Connecticut
September 1997

WURZELN DER KUBANISCHEN ARCHITEKTUR

Die hölzernen Fenstergitter, sogenannte rejas, *wurden von innen meist mit einem* guarda-polvo, *einem Stoff- oder Ledervorhang versehen, der als Sichtblende diente und das Hausinnere vor Staub schützte.*

Genau wie das Land selbst ist auch die Architektur Kubas nicht einfach einzuordnen. Zwar lassen sich durchaus Verbindungen zu anderen karibischen oder lateinamerikanischen Ländern herstellen, doch besitzt die kubanische Architektur einen unverwechselbaren, schwer zu definierenden *kubanischen* Charakter. Ein Hauptgrund dafür ist, daß die Geschichte Kubas immer einen ganz eigenen Verlauf genommen hat, geprägt von einer ausgedehnten Periode der Kolonisierung – beginnend mit der ersten Besiedlung durch die Spanier im Jahre 1512 – und der damit einhergehenden Entwicklung einer Inselkultur, die aufgrund ihrer geographischen Lage in sich geschlossen, jedoch über Jahrhunderte von der Außenwelt abhängig war, bevor sie schließlich weitgehend in Isolation geriet.

Insbesondere unterschied sich Kuba von seinen Schwesterkolonien durch seine außerordentlich lange Abhängigkeit von der spanischen Monarchie. Obwohl das einst ausgedehnte Kolonialreich in Lateinamerika um 1825 zerfallen war, hemmte Kubas Widerwillen, seine ausgesprochen lukrative Sklavenwirtschaft aufs Spiel zu setzen, die Unabhängigkeitsbewegung der Insel, nachdem der gesamte andere ehemals spanische Besitz in der Karibik mit Ausnahme von Puerto Rico längst befreit worden war. Als der spanisch-amerikanische Krieg 1898 schließlich im Bruch mit Spanien gipfelte, war das Ende einer kolonialen Periode erreicht, die gut vierhundert Jahre gedauert hatte.

Diese lang andauernde Beziehung hatte ebenso starke Auswirkungen auf Kubas äußeres Erscheinungsbild wie auf seine gesellschaftliche und wirtschaftliche Entwicklung. Lange vor England oder Frankreich betrieb Spanien die Kolonisierung der Neuen Welt konsequent aus stadtplanerischer Sicht. Nur eine logisch aufgebaute, gut geplante und gesicherte Stadt garantierte Kontrollmöglichkeiten und Respekt. Spaniens Machtinteressen in Kuba brachten eine lange Reihe starker Gouverneure hervor, die neue Stadtplanungen und imposante Gebäude als Zeichen ihrer Macht und zu Ehren ihrer eigenen Person in Auftrag gaben, während sie gleichzeitig der Insel einen ausgeprägt militärischen Charakter verliehen.

Wie überall in Lateinamerika waren die ersten und wichtigsten Architekten in Kuba europäische Militäringenieure, Teil einer Gruppe vorzüglich ausgebildeter Fachleute, die mit der Entwicklung von umfassenden Festungsanlagen für die Karibik betraut wurden. Havannas damalige Infrastruktur schloß neben einer ausgedehnten Kette von Küstenstützpunkten und dem 1592 erbauten Aquädukt *Zanja Real*, das zu den frühesten Wasserversorgungssystemen europäischer Herkunft in der amerikanischen Welt gehörte, auch die ausgedehnten Befestigungsmauern um Kuba mit ein, mit deren Bau um 1665 begonnen wurde.

Diese technischen Leistungen galten nicht nur als die bedeutendsten architektonischen Erfolge dieser Periode in der Karibik, sondern markierten darüber hinaus die erste Form wirtschaftlicher Entwicklung in Kuba. Sie erforderten zuverlässige und organisierte Arbeitskräfte, hauptsächlich Sträflinge und Sklaven, die tageweise von ihren Besitzern gemietet wurden, das Maurer- und Steinmetzhandwerk erlernten und weitere Fertigkeiten von ausgebildeten Handwerkern erwarben. Die damit geschaffene Arbeitshierarchie, die sowohl Mulatten und Schwarze wie auch Weiße mit einschloß, bestand über Jahrhunderte, und bis zum heutigen Tag sind noch Spuren davon zu finden.

Als unmittelbare Abgesandte der Monarchie genossen die Militäringenieure beträchtliches Ansehen und beaufsichtigten auch wichtige staatliche und kirchliche Projekte. Weil sie einen so hohen Rang unter den Baufachleuten innehatten, spielten sie bis ins 19. Jahrhundert hinein eine starke Rolle für die kubanische Architektur. Nach einem spanischen Erlaß von 1846 wurde beispielsweise das Recht, *ensanches* oder Stadterweiterungen zu planen, Architekten verweigert und ausschließlich Ingenieuren zugestanden. Die *Escuela de Ingenieros* in Madrid sicherte Absolventen Regierungspositionen und vermittelte ihnen Arbeitsplätze in den amerikanischen Kolonien. Ingenieure beaufsichtigten Stadterneuerungsprogramme, bestimmten Bauvorgaben, leiteten öffentliche Arbeitsprogramme und waren auch in der republikanischen Ära weiterhin maßgeblich mit der Planung und Überwachung von wichtigen Projekten betraut.

Die Militäringenieure Silvestre Abarca und Pedro de Medina hatten den Auftrag, die Fortaleza de San Carlos de la Cabaña *zu bauen, nachdem die Briten 1762 in Havanna einmarschiert waren. Der Komplex war mit einem monumentalen Barockportal versehen und umfaßte eine Plaza, Mannschaftsquartiere, Ställe, eine Kapelle, Straßen und Gärten.*

HANDWERKER UND ARCHITEKT

Für die Entwicklung der kubanischen Architektur spielten die Handwerker von Anfang an eine elementare Rolle. Während Spanien in der frühen Kolonialzeit seine Architektenelite nach Mexiko und Peru sandte, wurden auf die Antillen und das karibische Festland ausschließlich Militäringenieure abgeordnet. Die Errichtung der ersten Siedlungen auf der Insel, die bis zum Zuckerboom im 18. Jahrhundert als relativ unbedeutend eingestuft wurde, blieb Autodidakten wie den Mönchen der Missionarsorden und den eingewanderten Bauern überlassen, die anfangs die Bauweise der Palmhütten von den Arawak-Indianern, den Eingeborenen Kubas, übernahmen. Maurer, Steinmetze und Zimmerleute wie auch die erfahrenen spanisch-maurischen Handwerker der *Mudéjar*-Tradition gehörten ebenfalls zu den spanischen Siedlern der ersten Stunde; diese sogenannten Bauhandwerker sollten dazu beitragen, manueller Arbeit und dem Handwerk eine bevorzugte Stellung einzuräumen.

Dieser besondere Stellenwert gründete sich vor allem darauf, daß bauhandwerkliches Können seit Generationen immer am praktischen Beispiel erlernt wurde. Zu Anfang des 16. Jahrhunderts, als mit der Besiedlung der Insel begonnen wurde, basierte die Ausbildung im Bereich Bau und Planung immer noch auf den Lehrinhalten des mittelalterlichen Zunftwesens. Während in Europa bereits Mitte des 18. Jahrhunderts eine theoretisch-akademische Architekturausbildung eingeführt wurde, dauerte es noch ein weiteres Jahrhundert, bis in Kuba erste Ausbildungsprogramme für Baukunst oder Architektur durchgeführt wurden. Weil selbst zu diesem Zeitpunkt immer noch der dringende Bedarf an Arbeitern zum Bau von Siedlungen und Handelszentren zur eige-

Mit handgeschmiedeten Eisenrundkopfnägeln beschlagene Holzbohlentür, ein Eingang „à la espagnola“. *In die große Kutscheneinfahrt sind zwei kleinere Türen für Fußgänger eingelassen.*

nen Versorgung im Vordergrund stand, legte man die Hauptarbeit in die Hände von Praktikern, die ihre Kenntnisse eher bei der Arbeit als an einer Akademie erworben hatten.

Neben dem Ingenieur – dessen Arbeit sich auf wichtige militärische Projekte und den Kirchenbau beschränkte – genoß im Kuba der frühen Kolonialzeit ein gut ausgebildeter Handwerker, der sogenannte *maestro de obras*, höchstes Ansehen innerhalb der Baukunst. Als erfahrener Handwerksmeister (oft Steinmetz oder Maurer) beherrschte dieser Fachmann auch die Kunst des Zeichnens und konnte die damals gängigen Entwürfe umsetzen. Er überarbeitete und beaufsichtigte Bauvorhaben der Militäringenieure und beauftragte die Steinmetze, Holzschnitzer und andere Handwerker, die für die Fertigstellung der Befestigungsanlagen, Kathedralen, größeren Kirchen und der großen *palacios* des kreolischen Adels benötigt wurden.

Baufachleute im Kuba der frühen Kolonialzeit trugen auch eine Reihe von anderen Titeln, darunter *alarife* (ein Mudéjar-Begriff), was sich annähernd mit „Architekt" übersetzen ließe, oder *maestro arquitecto* (in etwa „Meister-Architekt"). Die Unterschiede zwischen diesen oft austauschbaren Begriffen sind nicht klar umrissen, aber alle Titel bezeichneten einen bedeutenden Grad an Verantwortung und Erfahrenheit, die während der Lehrzeit bei einem Meister erworben wurden.

Unter der Königsherrschaft der Bourbonen im 18. Jahrhundert begann sich das damalige Konzept des Bauplaners (im Gegensatz zum Bauhandwerker) in Spanien zu entwickeln, setzte sich in Kuba aber nur langsam durch, was zum Teil darauf zurückzuführen ist, daß die Monarchie nur mäßiges Interesse an der architektonischen Entwicklung dieser abgelegenen Inselkolonie hatte. Mit ihrem tiefverwurzelten Vorurteil gegen handwerkliche Berufe, die dem spanischen Adel generell verboten waren, gingen die Bourbonen daran, die Handwerkerberufe in eine wohlüberlegte Hierarchie einzuordnen und die in Frankreich üblichen staatlich kontrollierten Akademien einzuführen. So sollte ein vorgegebener Standard, der dem damaligen Zeitgeschmack entsprach, gewährleistet werden. Der Architekt wurde mit besonderem Prestige und Machtbefugnis ausgestattet, während die Rolle des Handwerksmeisters, der einen niedrigeren gesellschaftlichen Rang hatte, beschnitten wurde.[1]

Als Ausdruck für das Zentralisierungsbestreben der Kunstausbildung wurde 1744 eine Akademie der Schönen Künste in Madrid gegründet und 1757 offiziell anerkannt. Den Studenten verlieh man nun den Titel „Architekt". Da in Kuba keine vergleichbare Einrichtung existierte, mußten die Kubaner nach Spanien reisen, um eine anerkannte Zusatzausbildung auf diesem Gebiet zu erhalten. Eine Karriere als Architekt blieb dennoch einer Elite vorbehalten und war nur den wenigen Kreolen möglich, die sich die Auslandsreise leisten konnten oder für diese Zeit von der Arbeit im Familienbetrieb freigestellt wurden. Im Kuba des 18. Jahrhunderts, wo die alten Traditionen gepflegt wurden, war der Titel des „arquitecto" allerdings nur von untergeordneter Bedeutung.

Obwohl man auch in Kuba dem Berufsstand des Handwerkers mit Vorurteilen begegnete, war für die Durchführung von Ausbildungsprogrammen in Architektur, Planung und Bauwesen weniger die Definition des Status der verschiedenen Planungs- und Bauberufe als die praktischen wirtschaftlichen und politischen Ziele der Monarchie von Bedeutung. Reformen wurden hauptsächlich durchgeführt, weil sich herausstellte, daß Spanien allein nicht in der Lage war, den Bau all der Straßen, Brücken und Gebäude zu bewerkstelligen, die für die gewinnbringenden Investitionen in die Zuckerwirtschaft benötigt wurden. Deshalb mußten auch Kubaner in den entsprechenden Disziplinen ausgebildet werden. Eine weitere Überlegung dabei war, man könne, indem man technischen Berufen einen neuen Stellenwert einräumte, die jungen, produktiven Köpfe von intellektuellen Beschäftigungen (beispielsweise mit dem Gesetz) abhalten, die nur zu politischer Unruhe führten – und das alles in einem Klima, in dem sich bereits bestimmte Kräfte gefährlich in Richtung einer Unabhängigkeit von Spanien oder einer möglichen Annexion durch die USA bewegten.

Mit dem Ziel, feste Qualitätsstandards in Planung und Bauwesen einzuführen, wurde die erste Berufsschule in Kuba Mitte des 19. Jahrhunderts mit einer Vorbereitungsklasse eröffnet. Die *Escuela Professional* bot Kurse in technischem Zeichnen, Vermessungswesen, Bau, Landschaftsgestaltung sowie Architekturgeschichte an. Einer der Abschlüsse, die die Absolventen hier erwerben konnten, war der formelle *maestro de obras.* Aber bis im Jahre 1900 an der Universität von Havanna eine Schule für Architektur und Ingenieurwesen eingerichtet wurde, war ein Abschluß mit dem Titel „Architekt" nur außerhalb Kubas möglich, so daß auf der Insel der Beruf des Baumeisters weiterhin seine unangefochtene Stellung behielt.

EIN STIL ENTWICKELT SICH

Nach konventionellen Maßstäben kann Kuba nur eine Handvoll von Gebäuden des „gehobenen Stils" für sich beanspruchen. In der Tat steht seine Architektur weniger für große individuelle Momente als für eine große Anzahl von Gebäuden aus unterschiedlichen Epochen, in denen handwerkliche Kunst, die Auswahl des Materials, Liebe zum Detail und ein besonderer kubanischer Sinn für Farbe und Verzierung alles bedeuten. Daß kubanische Architektur so leicht zugänglich ist, mag daran liegen, daß man die Hand, die die Arbeit ausgeführt hat, ganz unmittelbar zu erkennen glaubt, gepaart mit einer unbekümmerten Freude an Struktur und Detail sowie einer Gabe für vollkommen unbefangene Exzentrik.

Wie jede lokale Architektur, so ist auch die kubanische Baukunst das Ergebnis eines langwierigen Prozesses der Angleichung, für den verschiedene kulturelle Überlieferungen, klimatische Verhältnisse, Zeitgeist, Geschmack und die Vorliebe für bestimmte Materialien bestimmend waren. Abgesehen von einer Art vulkanischem Pflasterstein (*losa isleña*), der von den Kanarischen Inseln importiert wurde, verwendete man für den Großteil der frühen Bauten einheimische Materialien, darunter ein einzigartiger Hartstein, der in der Umgebung von San Miguel und in Havanna gewonnen wurde. Einheimische Hölzer – besonders die extrem harten *ácana*, *jiquí* und *quiebrahacha* sowie Ebenholz und Zeder – wurden auf der Insel im Haus- wie im Schiffsbau viel genutzt und auch gern exportiert.

Insbesondere die frühe kubanische Kolonialarchitektur spiegelt den Einfluß der *Mudéjares* (später *Moriscos* genannt) wider, die nach der *Reconquista* im 15. Jahrhundert zusammen mit einigen anderen Minderheiten unter christlicher Herrschaft in Spanien geblieben waren. Die Mudéjar-Tradition war mit ihren arabischen Wurzeln an sich dekorativ und – bezeichnend für Kuba – repräsentierte ein großes künstlerisches und handwerkliches Erbe. Die Arbeit der Mudéjar-Handwerker besaß ein so hohes Ansehen, daß diese erfahrenen Maurer, Holzschnitzer und Stukkateure der spanischen Aristokratie nach der Rückeroberung oft als Vasallen dienten; viele wurden auch den Klöstern zugeteilt, da es als großer Akt der Hingabe galt, sich in den Dienst der Kirche zu stellen.

Im 17. und frühen 18. Jahrhundert zeigte sich die Auswirkung des Mudéjar auf die kubanische Architektur durch die für den südspanischen Raum typische Verwendung von Zierkacheln aus Ton, breiten hölzernen Dachüberständen sowie Gitterwerkfenstern und -balkonen. Besonders augenfällig sind die *alfarjes*, die mit feinsten Einlegearbeiten versehenen Decken mit ihren geometrischen Prismen- und Sternmustern, die auch heute noch für viele kubanische Häuser und Kirchen des 18. Jahrhunderts charakteristisch sind. Die Vorliebe für Häuser mit geschlossenen Räumen und einem Innenhof, den man in der häuslichen wie in der Kirchenarchitektur findet, ist ebenfalls ein Vermächtnis der Mauren.

Obwohl der spanische Barock in der Kolonialarchitektur weit verbreitet ist, hat der Barock in Kuba fast immer seine landestypische Eigenart besessen. Bestimmt von einem Sinn für Bewegung und reichhaltige Verzierung, fand er seine stärkste Ausprägung in den römisch-katholischen Kirchen, auf die man im Spanien des frühen 17. Jahrhunderts häufig stieß. Mit Hilfe einer beeindruckenden Bildersymbolik und feierlicher Zeremonien bemühte sich die Kirche,

Vitrales *aus Buntglas sollten nicht nur das karibische Sonnenlicht abmildern, sondern entsprachen auch dem kubanischen Geschmack, was Muster und Farben angeht. Fenster dieser Art wurden vermutlich am Ende des 18. Jahrhunderts eingeführt.*

in den letzten Stadien der Gegenreformation ihre Autorität wiederherzustellen, was mit Spaniens eifrigen Missionsbestrebungen in Lateinamerika einherging.

Zwar wird der größte Einfluß des Barock in Kuba in der Kirchenarchitektur sichtbar, doch selbst die dynamisch geschwungene Fassade der Kathedrale von Havanna aus dem Jahre 1777, die als ausgereiftestes Beispiel des kubanischen Barock gilt, wirkt geradezu gesetzt im Vergleich mit der üppig gestalteten Kathedrale von Mexiko in Mexiko City oder La Compañia in Cuzco, Peru. Nichtsdestotrotz „blühte" die barokke Ästhetik im Inneren von Kubas Kirchen. Auf der ganzen Insel finden sich Kirchen aus dem 18. Jahrhundert mit wundervoll vergoldeten Altären und *retablos* oder Altargemälden. Mit ihren verschwenderischen Früchte- und Blumenmotiven sind sie ganz im extravaganten Stil der Churrigueras gearbeitet, einer Familie einflußreicher Architekten und Bildhauer, die im ausgehenden 17. und frühen 18. Jahrhundert in Kastilien tätig waren.

Als weiteres Merkmal dieses Stils kann die Vorliebe für pompöse, plastisch gearbeitete Türumrahmungen gelten, die man vornehmlich in Havanna findet. Die meisten waren im Prinzip Nachbildungen der Portale, die die Paläste in Jerez und anderen Küstenstädten in der Nähe von Cádiz in Südandalusien zierten. Daß die bildhauerischen Arbeiten in gewisser Weise unbeholfen erscheinen, mag einerseits an der Tatsache liegen, daß die am besten

Vom 16. bis weit ins 20. Jahrhundert reicht die Verwendung von Keramikfliesen, die an die Mudéjar-Handwerkstradition anknüpfen, die im Mittelalter in Südspanien weit verbreitet war. Der Gebrauch von gemalten Zierbändern, cenefas *genannt (oben), geht bis ins 17. Jahrhundert zurück. Diese Gestaltungstradition setzte sich Ende des 18. Jahrhunderts während der Bourbonen-Herrschaft in Spanien durch und zeigt deshalb deutlich europäische Stileinflüsse.*

Par y nudillo *nennt sich die Deckenbauweise der kubanischen* alfarjes *mit ihren horizontalen und schrägen Dachbalken. Die maurische Tradition, Holzstücke zu kunstvollen Mustern zusammenzufügen, stammt aus den arabischen Ländern, wo Holz in größeren Längen kaum zu finden war. Für die schwarzen Akzente wurde eine Mischung aus Leim, Wasser und Ruß benutzt. Sternenmuster deuten auf die Größe des Universums hin.*

Celosias, *kunstvolle Fenstergitter aus Zedernholz (links), und* rejas *mit gedrechselten Spindelstäben (oben) dienten als Sonnenschutz und ermöglichten eine bessere Luftzirkulation. Beide Elemente stammen aus der maurischen Architektur.*

Das Kloster- und Kirchengebäude Nuestra Señora de Belén *in Havanna erstreckt sich über einen ganzen Straßenblock. Das im Jahre 1712 erbaute Gotteshaus wurde im 19. und beginnenden 20. Jahrhundert renoviert.*

Die 1777 erbaute Kathedrale von Havanna (unten) mit ihren opponierenden Fassadenebenen ist eines der ausgereiftesten Beispiele des spanischen Barock in Kuba. Sie beeinflußte auch die Fassadengestaltung des nahegelegenen Colegio Seminario de San Carlos y San Ambrosio *(links), das im 18. Jahrhundert gebaut und 1950 im Neobarockstil umgestaltet wurde.*

Die Steinmetzarbeit für den Eingang der Casa de la Obra Pía *(rechts) wurde um 1686 in Cádiz angefertigt und dann nach Kuba verschifft. Das Haus baute man für die Familie Calvo de la Puerta, deren Familienoberhaupt der Marquis von Obra Pía war. Ein ebenso monumentales Barockportal dominiert die Fassade der 1738 erbauten Kirche* San Francisco de Asís *(unten) in derselben Stadt.*

ausgebildeten Handwerker nach Mexiko und Peru geschickt wurden, und andererseits an der porösen Qualität des in Kuba verwendeten Korallensteins. Die Türrahmen wirken oft wie aufgeklebt und können als Beispiel dafür dienen, wie die frühen kubanischen Baumeister eher mit Details (einer Tür, einem Architrav oder einem verzierten *retablo*) einen „Eindruck" von Barock hervorzurufen versuchten, als mit einer raumbezogenen Komposition, in der die einzelnen Bestandteile (Grundriß, Fassade, Ornamentik) sich zu einer Einheit verbinden.

Einen besonders starken Einfluß auf die kubanische Kolonialarchitektur hatte der Klassizismus. Basierend auf strengen Regeln von Proportion, Geometrie und räumlicher Funktion, entstand Mitte des 18. Jahrhunderts in Europa der eher gesetzt wirkende klassizistische Stil als zeitgemäße Antwort auf die Überladenheit des Barock. Durch archäologische Entdeckungen im Griechenland und Rom der Antike angeregt, kam der Klassizismus besonders in Frankreich in Mode und erreichte Kuba zu einer Zeit, als der Geschmack frankophiler Kreise im von den Bourbonen regierten Spanien auch in der Karibik Einzug hielt.

Die ersten Entwürfe klassizistischer Architektur in Kuba stammen von Étienne-Sulpice Hallet, einem französischen Architekten, der um 1790 an den Entwürfen für das Kapitol-Gebäude in den USA gearbeitet hatte und seit 1800 in Havanna lebte. Hallets Entwurf für den *Cementerio General de la Habana* (Espada-Friedhof) zeigte eine Kapelle mit einer in Marmorimitation gearbeiteten Tempelfront und einem eleganten Eingangsportal, das wie ein Triumphbogen gestaltet war. Außerdem wurde in Havanna 1818 eine Akademie der *bellas artes, La Academia de Pintura y Escultura de San Alejandro*, gegründet, geleitet von dem Künstler Jean Baptiste Vermay, einem Anhänger des großen französischen Klassizisten Jacques-Louis David.

Der Klassizismus beeinflußte praktisch jede Art von kubanischer Architektur, vom kleinen Haus bis zum städtischen Denkmal, in nahezu jedem Teil der Insel. Ebenso manifestierten sich klassizistische Prinzipien in Denkmälern und den begrünten Vierteln neuer Städte, am deutlichsten zu sehen in Cienfuegos (1819) und Cárdenas (1828). Die rasche Verbreitung klassizistischer Einflüsse im 19. Jahrhundert in ganz Kuba wurde vom kontinuierlichen Wachstum der Zuckerwirtschaft und den damit verbundenen Verbesserungen der Kommunikationswege begünstigt, sowohl intern als auch was die Verbindung zu europäischen Großstädten anging, die von der kubanischen Elite zunehmend besucht wurden. Zudem läßt sie sich auf den starken kulturellen Einfluß der vielen französischen Kaffee- und Zuckerpflanzer zurückfüh-

Das traditionelle portal, *im 19. Jahrhundert mit klassizistischen Säulen versehen, war in allen Provinzstädten verbreitet, so auch in Pinar del Río (links).*

Korinthische Säulen verleihen dem Portal des Museo Nacional de la Música *in Havanna (links) die Würde, die einem wichtigen öffentlichen Gebäude gebührt. An eine Tempelfassade erinnert der korinthische Portikus an der Frontseite des Hauses der* Sociedad Económica de Amigos del País *(oben), einer einflußreichen bürgerlich-kulturellen Gruppe, die von der kreolischen Aristokratie gegründet wurde.*

ren, die nach dem Sklavenaufstand 1791 in Haiti nach Kuba strömten.

Als Symbol für die hohen bürgerlichen Prinzipien und kulturellen Leistungen des Altertums war der Klassizismus in Kuba anfangs mit einer Ära intellektuellen Wachstums verbunden, in dem man sich in einem zunehmend säkularisierten Klima der Dichtkunst, Literatur, Musik, Kunst, dem Theater und der Entwicklung von Wissenschaft und Bildung öffnete. Die kubanische Intellektuellenbewegung folgte dem Geist der Aufklärung des 18. Jahrhunderts, der überlieferte Doktrinen in Frage stellte sowie empirisches Denken, universellen menschlichen Fortschritt und Gedankenfreiheit propagierte. Es ist kein Zufall, daß Matanzas, eine der wichtigsten Zuckermetropolen des 19. Jahrhunderts und Zentrum eines führenden intellektuellen Zirkels, als „das Athen Kubas“ galt.

Der klassizistische Kanon blieb in Kuba bis weit in die republikanische Ära hinein ungebrochen. Ende des 19. Jahrhunderts waren die kubanischen Architekten tief in der Beaux-Arts-Tradition verhaftet. Studenten mußten ihren Abschluß weiterhin im Ausland machen, da eine Ausbildung in Architektur und Bauwesen auf der Insel nur als Vorbereitungskurs angeboten wurde. Einige studierten in Madrid oder Paris, viele besuchten jedoch nordamerikanische Schulen, vorzugsweise das Rensselaer Polytechnic Institute, M.I.T., die University of Illinois und Cornell, die zu den ersten Hochschulen Nordamerikas gehörten, die Studiengänge für Architektur einführten.[2]

Die akademische Tradition setzte sich auch an der neuen Schule für Architektur an der Universität von

Um die Jahrhundertwende wurden klassizistische Elemente freizügig mit anderen Stilmerkmalen vermischt; auch Jugendstileinflüsse (oben und rechts) finden sich an einigen der Säulenfüße.

Havanna fort, die im Jahre 1900 während der Besetzung durch Nordamerika nach dem spanisch-amerikanischen Krieg auf Anordnung des US-Generals Leonard Woods neu gegründet wurde. Der fünfjährige Studiengang stützte sich auf Standardwerke aus Europa, den Vereinigten Staaten und England, darunter auch die britische Publikation *Elements of Architecture* von John Millington, und vermittelte hauptsächlich ein gründliches Verständnis der vom führenden Renaissance-Architekten Giacomo Barozzi da Vignola zusammengestellten Regeln. Die Absolventen, die viele Stunden damit verbracht hatten, Gipsabgüsse von klassischen Skulpturen und Gebäudefragmenten aus dem Louvre zu kopieren, nahmen häufig an Wettbewerben der Beaux-Arts-Gesellschaften nordamerikanischer Colleges teil.[3]

Außerdem übten nordamerikanische Zeitschriften einen starken Einfluß aus. Obwohl in Kuba seit 1916 eine eigene Zeitschrift, *Arquitectura*, erschien (deren Veröffentlichung 1919 eingestellt, 1925 aber wiederaufgenommen wurde), wurden amerikanische Journale wie *Architectural Record, The American*

Der frühere Wohnsitz von José Gómez Mena in Havanna (links) läßt ebenso wie die Royal Bank of Canada in Santiago (unten) den Einfluß der amerikanischen Beaux-Arts-Tradition erkennen.

Architect und *Architectural Forum* viel gelesen. Überdies waren ausländische Architekten in Kuba hochgeschätzt, und verschiedene nordamerikanische Firmen, darunter Carrère und Hastings, McKim, Mead und White und Walker und Gillette drückten Havanna ihren Stempel auf.

Von Haus aus „sichere", klassizistisch inspirierte Entwürfe wurden über lange Zeit von konservativen Kreisen, einschließlich der letzten Mitglieder der im Schwinden begriffenen kubanischen Aristokratie, bevorzugt, die darin ein geschmackvolles Gegengewicht zu dem überladenen Jugendstil sahen, der Anfang des 20. Jahrhunderts von katalanischen Einwanderern nach Kuba gebracht wurde. Der Stellenwert des Klassizismus blieb durch Geschichte und Tradition gesichert. Tatsächlich nutzten einige Emporkömmlinge die Monumentalität der klassizistischen Bauwerke, um ihre Macht als Führer der neuen Republik zu demonstrieren.[4] Ein Generalbebauungsplan für Havanna, mit dem Präsident Gerardo Machado (1924-33) den französischen Landschaftsplaner Jean-Claude Nicolas Forestier 1926 beauftragte, basierte beispielsweise auf den Prinzipien der Beaux Arts. Noch heute gehören Bestandteile dieses städtebaulichen Ideals, darunter die mehrgeschossige Treppe der Universität von Havanna, der axiale, begrünte *Paseo del Prado*, eine von Havannas Hauptverkehrsadern, sowie der Kuppelbau des Nationalkongreßgebäudes zu den charakteristischsten Elementen der Stadt.

Obwohl viele öffentliche Gebäude vom Klassizismus geprägt waren, spielte er eine zunehmend untergeordnete Rolle für die aufkommende historistische Bewegung, die in den dreißiger Jahren die bestimmende stilistische Strömung in allen Städten Kubas darstellte. Der Historismus vereinte eine idiosynkratische Mischung verschiedener Stilmerkmale – Elemente der Klassik, der europäischen Renaissance, mittelalterliche, arabische, orientalische sowie Jugendstilelemente – in ein und demselben Entwurf; ebenso tauchten gleichzeitig Bauwerke verschiedener Stilrichtungen in einem Stadtviertel auf. Dies war einerseits das Resultat von um sich greifender Grundstücksspekulation, spiegelte andererseits aber auch den

Die Trust Company of Cuba (unten und rechts) ist ein typisches Beispiel für die klassizistisch inspirierte Gestaltung der frührepublikanischen Finanzgebäude. Diese ersetzten Kolonialbauten in einer Gegend von Alt-Havanna, die an die Wall Street in New York zu Beginn des 20. Jahrhunderts erinnerte.

Der klassizistische Einfluß auf kirchliche und kommerziell genutzte Gebäude auf der ganzen Insel war sehr stark. Bei der Sanierung der Kirche Nuestra Señora de los Dolores, *die im 18. Jahrhundert in Santiago erbaut worden war, hielt der Architekt Manuel Quevedo an dem im 19. Jahrhundert hinzugefügten klassizistischen Ziergiebel fest (links). Die von der italienischen Renaissance inspirierte* Lonja del Comercio *(unten) wurde 1909 von Tomás Mur für Havannas* Plaza de San Francisco *entworfen.*

Eine klassizistische Balustrade, ionische Kapitelle und Spiralsäulen an einem Haus in Ciego de Avila führen alle historistischen Elemente vor, die in der Provinz im Wohnungsbau angewandt wurden.

kosmopolitischen Anstrich, den sich der neue, gesellschaftlich mobile Mittelstand gab. Die Vermischung unterschiedlicher Stile war in gewisser Weise eine Zeiterscheinung; allerdings herrschte seit langem die von philosophischen Gedanken geprägte Vorstellung, daß Kubas Kultur durch Studium und Interpretation des Besten, was andere zu bieten hatten, geformt und verbessert werden könne. Der Historismus war möglicherweise auch Ausdruck einer Art Identitätskrise eines vor kurzem unabhängig gewordenen Landes, das durch die Auseinandersetzung mit der Vergangenheit versuchte, seine Wurzeln zu finden.

Im historischen Kontext ist eine Verbindung von Historismus und Beaux-Arts-Bewegung nicht zu übersehen, doch gab es auch deutliche Unterschiede. Während der Ansatz der Beaux Arts zwar „korrekte", buchstabengetreue Interpretationen der Vergangenheit (die Essenz guten Geschmacks) mit Nachdruck vertrat, verlangte er damit keinesfalls deren kritiklose Übernahme. Überdies waren die Ursprünge des kubanischen Historismus oft nur schwer auszumachen.

Als Beispiel für den recht schizophrenen Architekturgeschmack dieser Zeit kann die Tatsache gelten, daß die spanische Kolonialarchitektur in den ersten Dekaden des 19. Jahrhunderts wieder relativ populär wurde, was angesichts der kurz zuvor erworbenen Unabhängigkeit überraschen mag. Doch die spanische Herrscherschicht war in Kuba immer noch stark präsent, und auch in Mexiko bestand zu jener Zeit ein wachsendes Interesse an der spanischen Kolonialarchitektur.

Außerdem waren Gestaltungselemente der spanischen Kolonialarchitektur – im wesentlichen freie Interpretationen, auf Mittelalter und Renaissance zurückgehend – damals beim Bau von Ferienanlagen in Nordamerika gerade in Mode. Architekten in Kuba erkannten beispielsweise sehr wohl den Einfluß, den Bertram Goodhues Arbeit in Kalifornien und Addison Mizners in Palm Beach, Florida ausübte. In der Tat haben Architekten nordamerikanischer Herkunft, darunter Kenneth Murchison (Hauptbahnhof), McKim, Mead und White (*Hotel Nacional*) und Goodhue (die Kathedrale *Santísima Trinidad*

Der 1909 in Pinar del Río erbaute Palacio Güasch, *für einen wohlhabenden und weitgereisten Arzt entworfen, vereinigt architektonische Elemente aus aller Welt, darunter maurische Bogen und Spitztürme aus der französischen Gotik.*

Marokkanische Handwerker wurden nach Cienfuegos geholt, um dort am Palacio del Valle *zu arbeiten, einem neomaurischen Wohnhaus, das Aciclio Valle 1912 bauen ließ, um seinen Reichtum zur Schau zu stellen; später ging er bankrott.*

Die Fassade des Hotel Sevilla *in Alt-Havanna (links) vereint klassizistische Säulen mit neomaurischen Elementen. Nach seinem Bau im Jahre 1908 wurde das Hotel 1923 vom Architektenbüro Arellano y Mendoza umgestaltet. Florale Dekore waren typisch für die Clubs jener Zeit; hier der* Club San Carlos *in Santiago (unten).*

Die kubanische Telefongesellschaft (links oben und unten), 1927 im spanischen Kolonialstil in Havanna erbaut, verband den Churrigueras-Stil mit zeitgenössischen Einflüssen. Der Entwurf stammt von Morales y Cía.

Episcopal; inzwischen abgerissen), in Havanna stilbildend gewirkt. Zudem griffen kubanische Architekten den Havanna-Stil bei Projekten für einige nordamerikanische Kunden wie z. B. die Familie DuPont auf, die ein Herrenhaus im Neokolonialstil in Auftrag gab, das auch heute noch den Badeort Varadero beherrscht und sich in vereinfachter Ausführung in kubanischen Vororten als sogenanntes „Kalifornien-Haus" großer Beliebtheit erfreut: ein einfaches einstöckiges Wohnhaus mit „spanischen" Elementen wie Schmiedearbeiten, Fliesen und einem Innen- oder Hinterhof.

Zeitgleich mit der historistischen Architektur kam der Jugendstil durch zeitgenössische Zeitschriften und eine nach der Unabhängigkeit einsetzende Einwanderungswelle aus den nordspanischen Provinzen

Der Hauptbahnhof (rechts), 1910 von dem amerikanischen Architekten Kenneth Murchison entworfen, vermischt Elemente des spanischen Kolonialstils und der italienischen Renaissance. In den Glockentürmen befinden sich Treppen, Aufzüge und Toiletten.

Kachelmosaike, Balkone und barocke Fensterrahmen verleihen einem Wohnhaus des frühen 20. Jahrhunderts im Bezirk Vedado einen deutlich „spanischen" Charakter.

Im Jahre 1926 kaufte der Pharmazie-Magnat Eleuthère Irenée DuPont ein 1265 Morgen großes Strandgrundstück in Varadero und gab ein Ferienhaus im spanischen Kolonialstil in Auftrag (rechts und ganz rechts oben). Der Entwurf von Evelio Govantes und Félix Cabarrocas zeichnet sich durch maurische Balkone und handgeschnitzte Mahagoniverzierungen aus.

Die spanische Botschaft in Havanna (unten) greift auf Elemente der frühen kubanischen Architektur wie das Portal im Erdgeschoß und die lucetas *zurück. Das Gebäude im spanischen Kolonialstil wurde 1912 von Francisco Ramírez Ovando entworfen.*

Katalonien, Galizien und Asturien auf die Insel. Der spanische Jugendstil, der überwiegend mit dem Architekten Antonio Gaudí y Cornet aus Barcelona in Verbindung gebracht wird, war Teil der weitverbreiteten intellektuellen *modernista*-Bewegung, die selbst einen Ableger des Jugendstils in Paris (der Heimat einer großen Anzahl katalanischer Intellektueller) und der verwandten deutschen Jugendstilbewegung darstellte. Die *modernistas* gehörten zu einem großen Kreis von experimentierfreudigen Künstlern, die sich unter anderem mit Literatur, dekorativen und angewandten Künsten sowie Architektur befaßten und auf der Suche nach neuartigen, von der Tradition unabhängigen Ausdrucksmöglichkeiten den Wert der Handwerkskunst, die Klarheit der Form sowie die organische Schönheit der Natur entdeckten. Kubanische Literaten wie José Martí und Julián de Casal spielten in dieser Bewegung eine herausragende Rolle. In der Architektur hingegen war der Jugendstil weitgehend das Werk eingewanderter Baumeister und Handwerker der „Barcelona Bourgeoisie“ und wurde im kastilischen Teil, dem politischen Zentrum der spanischen Herrschaft, nie ganz akzeptiert.

Der etwas spätere Erfolg des Art déco im Kuba der ausgehenden zwanziger und der dreißiger Jahre setzte gleichzeitig mit dem Beginn des Transportzeitalters und der verstärkten Handelsbeziehungen zwischen Kuba und den Vereinigten Staaten ein. Er spiegelte den Wunsch des kubanischen Bürgertums, den Lebensstil kulturell hochentwickelter Länder zu übernehmen und mit den modernen – und deshalb gefragten – Trends aus den Vereinigten Staaten sowie den lateinamerikanischen und europäischen Großstädten Schritt zu halten.

Die Anfangsphase dieses frühen Modernismus fiel mit einer Periode von Wohlstand und kultureller Aktivität zusammen, die der Depression unmittelbar vorausging. In dieser Zeit hatte die *Exposition Internationale des Arts Décoratifs et Industriels Modernes*, die 1925 in Paris stattfand, gerade einen starken Eindruck sowohl in Nordamerika wie auf dem lateinamerikanischen Festland hinterlassen.

In Kuba kam der elegante neue Art-déco-Stil erstmalig 1927 in Havanna im Haus von Francisco Argüelles zur Anwendung, das von José Antonio Mendigutía entworfen wurde, und im selben Jahr im

Klassizistische Geißblattornamente schmücken die Gesimslinie eines Jugendstilhauses in Camagüey. Katalanische Geschäftsleute mit Baufirmen in Kuba verhalfen dem Jugendstil Anfang des 20. Jahrhunderts zum Durchbruch.

Der Jugendstil war bei den kubanischen Baumeistern sehr beliebt; die Anregungen für die Tür- und Fliesendekore holten sie sich aus Zeitschriften.

El Centro de Oro *in Havanna (rechts), um 1910 von Eugenio Dediot entworfen, vereinte Gewerberäume im Erdgeschoß und Wohnungen in den oberen Stockwerken. Anfang des 20. Jahrhunderts wurden viele Gebäude von Kaufleuten der Mittelschicht nach diesem Nutzungsprinzip errichtet. Ein Jugendstilfenster (oben), bei dem die traditionellen Lamellen-Fensterläden beibehalten wurden.*

Wohnsitz von Juan de Pedro Baró und Catalina Lasa, der nach einem Entwurf der Architekten Evelio Govantes und Félix Cabarrocas entstand. Das de-Pedro-Haus – für eine kubanische Familie konzipiert, die einen Großteil des Jahres in Paris verbrachte – besaß eine klassizistisch inspirierte Fassade; die Inneneinrichtung beeindruckte durch eine großartige Art-déco-Möblierung und die Glasarbeiten, die von dem modernen Pariser Designer René Lalique ausgeführt wurden.

Sehr bezeichnend ist auch, daß in demselben Zeitraum in den zwanziger Jahren der französische Landschaftsarchitekt Jean-Claude Nicolas Forestier mit mehreren französischen Stadtplanern und Architekten an seinem Bebauungsplan für Havanna arbeitete; unter ihnen Albert Laprade, der 1931 das Art-déco-inspirierte Kolonialmuseum in Paris entwarf, und Jean Labatut, der später an dem modernistischen Denkmal für José Martí (in den Jahren 1938-52) in Kubas Hauptstadt beteiligt war.[5]

In sala *und Eßzimmer des 1927 erbauten Wohnsitzes von Juan de Pedro im Bezirk Vedado (links) sind die Originalmöblierung und die Glasarbeiten von René Lalique noch erhalten, der auch die Eingangshalle gestaltete (unten). Die Architekten waren Evelio Govantes und Félix Cabarrocas; die Gärten gestaltete der französische Landschaftsarchitekt Nicolas Forestier.*

José A. Mendigutía entwarf das erste Haus in Kuba mit Art-déco-Fassade. Die Maße dieses 1927 in Argüelles gebauten Hauses waren auch für viele historistische Vorort-Villen typisch.

Abgesehen davon war der Einfluß des Art déco in Kuba zweifelsohne auf Havannas unmittelbare Nähe zu Miami zurückzuführen, wo Kubas Präsident Gerardo Machado 1925 ein Konsulat einrichtete. Investitionen von Spekulanten brachten Ende der zwanziger und in den dreißiger Jahren eine der weltweit größten Ansammlungen von Hotels und kleineren Mietshäusern im Art-déco-Stil hervor. Auch die ersten Wolkenkratzer in Havanna, wie die Bacardí-Zentrale (1929), weisen eine enge Verwandtschaft zu New Yorks Art-déco-Hochhauskomplexen auf, den ultimativen Symbolen kapitalistischen Erfolgs. Die Beziehung wird augenfällig in der Übernahme der sich nach oben hin gestuft verjüngenden Gebäude und einer modifizierten Sockel- und Säulenkonfiguration. Beide waren die Folge eines 1916 erlassenen New Yorker Bebauungsgesetzes, das Höhe und Nutzfläche eines Gebäudes im Verhältnis zu Grundstücksgröße und Straßenbreite regelte.

Obwohl Art déco hauptsächlich bei privaten Wohnhäusern – besonders bei den Fassaden der kleinen, aber hochmodernen Häuser, die für Havannas Kleinbürgertum gebaut wurden – zur Anwendung kam, war dieser Stil auch bei der Errichtung von gewerblich genutzten Gebäuden wie Kinos, Mietshäusern, Bürotürmen, Kaufhäusern und Restaurants sehr beliebt. Wie in Miami repräsentierte dieser moderne Stil Fortschritt und Zukunft, was in den Jahren direkt nach der Depression von besonderer Bedeutung war. Außerdem konnte man die einfachen geometrischen Motive leicht übernehmen und billiger ausführen als die kunstvollen, verschwenderischen Verzierungen von Häusern im historistischen Stil.

Um 1920 entstand auch eine moderne Intellektuellenbewegung in Kuba, besonders innerhalb einer Gruppierung junger kubanischer Kunst- und Architekturstudenten, die von der zeitgenössischen lateinamerikanischen Avantgarde-Bewegung beeinflußt war. Die frühen Avantgardeströmungen beschäftigten sich mit theoretischen Problemstellungen, wobei allerdings die Frage interessant erschien, wie Gebäude im Hinblick auf einen natürlichen, gesellschaftlichen und *kubanischen* Kontext entworfen werden könnten. In begrenztem Umfang fand auch eine Einbindung kubanischer Bildhauerei und Graphik in größere architektonische Zusammenhänge statt.

Die 1930 in Havanna errichtete Bacardí-Zentrale mit ihren farbigen Terrakotta-Verzierungen war das erste vollständig im Art-déco-Stil gehaltene Geschäftsgebäude in Kuba. Der Entwurf stammt von Esteban Rodríguez Castells, Rafael Fernández Ruenes und José Menéndez. Eine Fledermaus, das Bacardí-Emblem, krönt den Spitzturm.

Die sehr streng wirkende Fassade der Gran Logia, *die in den vierziger Jahren in Havanna entstand, verkörpert eine spätere Phase des Art déco. Der Globus auf dem Dach ist ein typisches Stilelement jener Zeit, in der Fortschritt im Transportwesen und der Kommunikationstechnik eine Verbindung zwischen Kuba und dem Rest der Welt schuf.*

In der Casa de las Américas *in Havanna kommen die für Art-déco-Hochhäuser so charakteristischen Rückstufungen des Gebäudes in der Höhe (links) und geometrischen Terrakotta-Motive (unten) zum Einsatz.*

Die Moncada-Garnison in Santiago (links) hat einen streng horizontal angelegten Baukörper, der von vertikalen Rippen durchbrochen ist, ein verbreitetes Stilelement des Art déco. Die Kasernen sind als Schauplatz eines Rebellenangriffs am 26. Juli 1953 unter Führung von Fidel Castro bekannt.

Ein bescheidenes Art-déco-Haus in Miramar bei Havanna aus der Zeit der vierziger Jahre, als diese Gegend sehr gefragt war. Hinter den eleganten Fassaden dieser Häuser verbarg sich meist eine konventionelle Raumaufteilung.

Die Gestaltung des modernen Banco Nacional de Cuba *in Santiago profitierte davon, daß nach dem Zweiten Weltkrieg eine ganze Reihe neuer Baumaterialien erhältlich war, wie Kristallspiegelglas und Schüttbeton. Fernando de Zárragas und Mario Esquiroz' stromlinienförmiger Entwurf des 1947 erbauten* Colegio de Arquitectos *in Havanna (unten) erinnert an den Art-déco-Stil des vergangenen Jahrzehnts.*

Ein Fünfziger-Jahre-Wohnhaus in Havanna (oben) aus Beton und Glas verkörpert den Funktionalismus der Nachkriegszeit. Ein breiter Dachüberstand schützt vor der tropischen Sonne. Bar aller traditionellen Bezüge spiegelt die 1957 von der Firma Alvarez y Gutiérrez realisierte Clínica Antonetti *(rechts) das anhaltende Interesse Kubas am europäischen Funktionalismus.*

Ein Privathaus von Fernando Salinas und Raúl González Romero veranschaulicht die letzte Phase der kubanischen Moderne vor der Revolution von 1959.

Die Universität von Havanna, ein Zentrum politischer und ideologischer Auseinandersetzung, diente während dieser Periode der intellektuellen Moderne als Forum für die offene Opposition gegen die kulturelle Kommerzialisierung, die Unterstützung der USA-Politik und die fehlende gestalterische Einheit, hervorgerufen durch die Entwicklung des Spekulantentums. Kubanische Theoretiker und Erzieher bezeichneten es als „künstlerischen Betrug", daß man sich wahllos historischer Elemente bediente.

In einer 1928 erschienenen Ausgabe des Journals des Architektenverbandes, des *Colegio de Arquitectos de la Habana*, verkündete der Architekt Silvio Acosta: „Die Vergangenheit ist keine Regel, sie ist eine Zeitspanne." Ein Jahr später veröffentlichte dasselbe Journal einen Artikel des deutschen Architekten Bruno Taut mit zahlreichen Abbildungen seiner Entwürfe kleiner Siedlungshäuser in Berlin. Taut skizzierte die Grundlage des modernen Gedankens, indem er feststellte: „Der Architekt sollte in Grundriß und Form eines Gebäudes die gesellschaftlichen Prinzipien ausdrücken, die sich darin verkörpern."

Das Bestreben, dem kubanischen Erbe in Design und Handwerkskunst Ausdruck zu verleihen, sowie das wachsende Interesse an den Belangen der Arbeiterklasse verbanden sich mit dem modernen Ideal, gesellschaftliche Probleme durch eine reine und unverfälschte Gestaltung zu lösen, die auf der Klarheit von Form und Funktion basierte. Um 1930 setzte sich das Funktionale in der Architektur Lateinamerikas durch, wo Le Corbusier einen tiefen Eindruck hinterlassen hatte. Der Architekt wurde 1934 bei der Planung des funktionalistischen Gebäudes des Ministeriums für Erziehung und Gesundheitswesen zu Rate gezogen, das von einem Architektenteam um Oscar Niemeyer entworfen worden war, dem man später einen starken Einfluß auf die kubanischen Modernen bescheinigte.

Allerdings wurden die ersten funktionalistischen Entwürfe in Kuba erst nach 1940 umgesetzt und waren eher von den Vereinigten Staaten als von Lateinamerika beeinflußt. Damals überwachten zahlreiche amerikanische Architekten bedeutende Großprojekte in Havanna, wie den Bau der amerikanischen Botschaft, der von der Firma Harrison und Abramowitz geplant wurde. (Harrison sollte später dem Architektenteam, dem auch Oscar Niemeyer angehörte, vorstehen, das die Zentrale der United Nations in New York plante.) In den vierziger Jahren besuchte der österreichische Architekt Richard Neutra – seit den zwanziger Jahren in Los Angeles ansässig – Havanna mehrmals, was von den kubanischen Zeitungen mit großem Interesse verfolgt wurde. Sein Entwurf in Beton und Glas für Alfred de Schultess aus dem Jahre 1956 wurde zu einer Art Heiligtum für die kubanische Moderne.

1959 kam mit der Revolution das Studium zeitgenössischer europäischer und nordamerikanischer Strömungen zu einem abrupten Stillstand. Die sehr stark romantisierende Gestaltungsweise der nationalen Kunstschule in Havanna, eine utopische Vision und eines der ersten Projekte, das unter der neuen Regierung verwirklicht wurde, spiegelt die Euphorie, von der Kuba in der Anfangszeit der Revolution erfüllt war. Doch der Geist der kreativen Zusammenarbeit bei diesem frühen Projekt wich bald einem zentralisierten staatlichen Bebauungsplan, der auf den sozialistischen Modellen Osteuropas aufbaute und auf ein ehrgeiziges Schul-, Krankenhaus-, Fabrik- und Wohnungsbauprogramm für die ganze Insel ausgerichtet war. Der Auftrag, in einem Klima marxistisch-leninistischer Ideologie umgehend Lösungen für soziale Probleme zu finden – im Klartext: Gebäude so billig und so schnell wie möglich hochzuziehen –, ließ künstlerische Belange bedeutungslos erscheinen. Der Beruf des Architekten, wie er vor der Revolution existiert hatte, verschwand im großen und ganzen. Ansätze zu kreativer Teamarbeit wurden zwar weiterhin erprobt, aber nur innerhalb der starren Grenzen der Fertigbauprojekte, die von wechselndem Erfolg gekrönt waren. Bei einigen wenigen, wie der 1964 erbauten Universität der Stadt Havanna (CUJAE), gelangen den Architekten kreative Raumlösungen mit Fertigmodulen, doch die meisten Fertigbauprojekte konnten keine architektonischen Lorbeeren ernten. Mittlerweile wurde die Architekturausbildung in Kuba von kultureller und städtebaulicher Planung auf rein technische Objekte zur Unterstützung des zentralisierten Programms reduziert. Der kubanische Architekt wurde zum Baufachmann, Bauleiter und Zeichner in Personalunion.

Eines der erklärten Ziele der neuen revolutionären Architektur war die Eliminierung der „polyvalenten" Gestaltungsweise und des oberflächlichen Symbolismus, der Klassenunterschiede widerspiegelte, zugunsten der Suche nach einer Architektur mit sozialer Verantwortung.[6] Dies aber wirft die Frage auf, ob Gebäude, die einem kreativen oder emotionalen Zweck dienen sollen, damit gleichsam an gesellschaftlichem Wert verlieren. 1989 und nochmals 1991 hat eine Gruppe von jungen kubanischen Architekten und Studenten der „Kulturbrigade Hermanos Saíz" dieses Problem in Ausstellungen über experimentelle Planung thematisiert, die von der Fakultät für Architektur der CUJAE und vom Bauministerium unterstützt wurden. Beinahe verhinderte die Gewerkschaft der kubanischen Architekten und Ingenieure die Eröffnung der ersten Ausstellung, weil sich die Entwürfe insbesondere mit den derzeit in den Vereinigten Staaten populären postmodernen Strömungen befaßten und Kritik an dem zentralistischen Ansatz der staatlich verordneten Architektur in Kuba übten.[7] Diese Periode des kreativen Umgangs mit Architektur war ebenso kontrovers wie kurzlebig.

Zum gegenwärtigen Zeitpunkt unterliegen aus Mangel an Material und finanziellen Ressourcen Planungs- und Bauphase gleichermaßen enormen Einschränkungen, und so bleiben viele Fragen offen, weil die Diskussion darüber – im Moment – nicht geführt werden kann.

Staatlich geförderte Wohnanlagen der Mikrobrigaden in Guantánamo zeigen die Abkehr von riesigen Wohnkomplexen zugunsten kleinerer Ein- und Zweifamilienhäuser um 1990.

Das 40-Zimmer-Hotel Aurora *in Santiagos Vorort Vista Alegre (oben) wurde aus Fertigbetonplatten des Girón-Systems gebaut. Das dreistöckige Haus von Sandra Alvarez im für die Revolutionszeit typischen Stil ist durch Terrassen und offene Plätze mit den verschiedenen Ebenen des Geländes verbunden; die Serviceräume befinden sich im Untergeschoß. Ein vierstöckiges Wohnhaus in Nueva Gerona auf der Isla de la Juventud (links) bezeugt die Abkehr von Hochhausprojekten Ende der siebziger, Anfang der achtziger Jahre.*

DIE FRÜHE KOLONIALZEIT
1512–1762

Die Bronzestatue „La Giradilla“, *die den Glockenturm des* Castillo de la Real Fuerza *krönt, stellt Doña Inés de Bobadilla dar, Kubas einzigen weiblichen Gouverneur. Sie trat die Nachfolge ihres Ehemannes an, als dieser 1539 zur Eroberung Floridas aufbrach.*

Die Kolonisation der Neuen Welt begann zu einem ebenso schwierigen wie kritischen Zeitpunkt in der spanischen Geschichte: Die neu vereinte Nation hatte den Übergang vom mittelalterlichen Feudalismus zum Kapitalismus zu bewältigen. 1492 hatte die Vernichtung der letzten arabischen Bollwerke in Granada und Sevilla im südlichen Andalusien eine über acht Jahrhunderte andauernde moslemische Herrschaft beendet und die Wiedereroberung von christlicher Seite besiegelt. Im selben Jahr erhob Christoph Kolumbus im Namen Ferdinands II. und Isabellas I., der gemeinsamen Herrscher über Aragón (im Osten Spaniens) und Kastilien (im mittleren Westen Spaniens) Anspruch auf Hispaniola und Kuba, die „Perle der Antillen“. Diese beiden kleinen Inseln waren die ersten Vorposten eines ausgedehnten spanisch-amerikanischen Weltreichs, das in den folgenden fünfzig Jahren nach und nach erobert und aus dessen Ressourcen über Jahrhunderte ungeheuer viel Kapital geschlagen wurde.

Spaniens räuberisches Eindringen in die Neue Welt stand vordergründig im Zusammenhang mit den missionarischen Interessen der katholischen Kirche, die eigentlichen Beweggründe waren allerdings immer finanzieller Natur. Durch die Kreuzzüge und den Handel mit dem Osten hatte sich in Spanien zwar eine solide Händler- und Bankiersschicht etabliert, doch die Vertreibung der Araber (die die Voraussetzungen für die Entwicklung der Landwirtschaft geschaffen hatten) und der Juden (die die Schicht der Geschäftsleute und der gebildeten Elite stellten) während der Inquisition hatte die Bevölkerung des Landes stark dezimiert und damit den für eine Weiterentwicklung der Wirtschaft notwendigen Kräften die Grundlage entzogen. Während der nächsten Jahrhunderte, die von drei aufeinanderfolgenden Kriegen mit Frankreich und ständigen Kämpfen mit Holland, Britannien und Frankreich um die militärische Vorherrschaft in der Neuen Welt geprägt waren, konnte Spanien nur versuchen, seine restlichen Besitztümer in Europa zu festigen und die Kontrolle der amerikanischen Kolonien zu sichern. Das sture Beharren auf einem von Sevilla aus kontrollierten Handelsmonopol in der Neuen Welt stürzte Spanien in einen dauerhaften Konflikt mit europäischen Handelspartnern. Gleichzeitig richtete die Produktion von Gütern in den lateinamerikanischen Kolonien allmählich Spaniens eigenen Exportmarkt zugrunde. Unterdessen unterstützte die spanische Monarchie weiterhin die Ausbildung einer elitären Klassengesellschaft. Eine sehr breite Adelsschicht beanspruchte die Alleinherrschaft über Kirche und Militär, wobei es ihr jedoch nicht gelang, den enormen Reichtum von Kolonien wie Peru und Mexiko in bleibende Vermögenswerte umzuwandeln.

KUBA BEKOMMT EIN GESICHT

Um 1560 hatte sich die spanische Flotte konsolidiert, und Havanna wurde der offizielle Durchgangshafen für alle Schiffe, die die Route vom amerikanischen Kontinent nach Cádiz nahmen. Durch seine strategisch günstige Lage in der Meeresstraße von Florida und seine Nachbarschaft zu so wichtigen süd- und zentralamerikanischen Häfen wie Cartagena, Portobelo und Veracruz wurde Kuba zur wichtigsten Insel der Antillen. Doch merkwürdigerweise sollte Kubas Zukunft nicht von der Verbindung zu den reicheren südamerikanischen Kolonien, sondern von seiner Isoliertheit abhängen.

Nachdem klar wurde, daß die karibischen Inseln keine größeren Vorkommen an Edelmetallen (die Kupfer- und Goldminenausbeute in Kuba hatte um 1530 bereits ihren Höhepunkt überschritten) besaßen, richtete die Monarchie ihr Augenmerk auf Mexiko und Peru, die reich an mineralischen Bodenschätzen waren. Diese Kolonien entwickelten vielfältige Wirtschaftszweige; die dafür notwendige Arbeitskraft rekrutierte sich weitgehend aus der eingeborenen Bevölkerung. Auch Kuba besaß während des ersten Jahrhunderts unter spanischer Herrschaft eine recht breitgefächerte Wirtschaft, die auf Tabak, Schiffsbau und den dazugehörigen Handelszweigen sowie dem Export von Rindfleisch, Fellen, Indigo, Baumwolle, Edelhölzern und Bienenwachs basierte.

Allerdings wurde die Insel von Spanien nie wie eine eigenständige Kolonie behandelt. Das erste bedeutende Wachstum, das Kuba Ende des 18. Jahrhunderts erreichte, basierte auf einer Monokultur-Wirtschaft – Zuckeranbau – und importierter Arbeitskraft – afrikanischen Sklaven. Während andere Besitztü-

mer verlorengingen, wurde die Kolonie als ehemaliges Stiefkind der Nation Spaniens wichtigste Einnahmequelle. Die Verbindung zwischen beiden wurde im 19. Jahrhundert aufgrund des Zustroms spanischer Loyalisten aus früheren lateinamerikanischen Kolonien noch enger. Durch Kubas Insellage wurde es liberalem Gedankengut (und auch den *independistas* selbst) zudem schwergemacht, in die Kolonie einzudringen oder aus ihr herauszukommen.

Aber die Sklaverei, die für Kubas Wirtschaft so entscheidend wie für keine andere lateinamerikanische Kolonie war, spaltete die Insel. Um 1840, auf dem Höhepunkt des Zuckerbooms, lebten in Kuba mehr als 400.000 Sklaven und machten damit beinahe die Hälfte der Gesamtbevölkerung der Insel aus – eine Zahl, die nirgendwo sonst in Lateinamerika auch nur annähernd erreicht wurde. Ein Sklavenaufstand im Jahre 1791, der die Pflanzer auf Haiti ruiniert hatte, verstärkte die Angst, daß es in Kuba zu ähnlichen Verhältnissen kommen könnte. Letztlich war der Gedanke an eine weiter andauernde Abhängigkeit von Spanien noch bei weitem angenehmer als die Vorstellung, daß die Unabhängigkeit des kreolischen Adels auch Freiheit für die Sklaven und Gleichheit zwischen Schwarz und Weiß mit sich bringen könnte.

DIE SIEBEN STÄDTE

Kubas frühe Kolonialgeschichte konzentriert sich auf die sieben *villas*, die von dem Expeditionsreisenden Diego Velázquez de Cuéllar im Auftrag der spanischen Krone gegründet worden waren: Nuestra Señora de la Asunción de Baracoa (1512), San Salvador de Bayamo (1513), La Santísima Trinidad (1514), Sancti Spíritus (1514), Santa María del Puerto Príncipe, das heutige Camagüey (1514), San Cristóbal de la Habana (1514) und Santiago de Cuba (1515). (Eine achte Siedlung, Santa Cruz de la Sabana, das heutige San Juan de los Remedios del Cayo, entstand 1514 durch Landübereignung, besaß aber keine eigene Stadtverwaltung.)

Die Nähe zu Gold- und Kupfervorkommen, eine gute Küsten- oder Flußlage und die Nachbarschaft zu den Siedlungen der Arawak-Indianer bestimmten die Lage der ersten *villas*, die in fast allen Fällen ihren ursprünglichen Standort wechselten. (So wurde Havanna 1519 schrittweise von seiner südlich gelegenen Niederlassung in der Nähe des heutigen Batabanó an seinen derzeitigen Standort an der Nordküste verlegt, während Puerto Príncipe 1528 von der Nuevitas-Bucht in ein Indianerdorf im Landesinneren umgesiedelt wurde. Das neue Dorf lag in der Nähe fruchtbarer Ebenen und war vor Piratenüberfällen sicher.)

Das halbrunde Fuerte de la Punta *schützte den Hafen von Baracoa, der ersten spanischen Kolonialstadt, die 1512 gegründet wurde. Die Überreste dieses Forts stammen aus dem frühen 19. Jahrhundert.*

Aufgrund von Piratenüberfällen wurde die villa *Remedios zweimal verlegt, bis sie um 1570 ihren endgültigen Standort bei Santa Clara erhielt. Die Entstehung des Marktplatzes geht in etwa auf diese Zeit zurück.*

Die kolonialen *villas* wurden zu Zentren dreier historischer Regionen der Insel, die sich aus unterschiedlichen Kulturen und Wirtschaftszweigen entwickelt hatten. Das östliche Kuba war schon immer das ärmste und provinziellste dieser drei Gebiete, mit der heterogensten Bevölkerung und einer gemischten Wirtschaft, die durch kleinere Familienunternehmen gekennzeichnet war. In dieser Region lag neben Bayamo auch Kubas erste Hauptstadt, Baracoa, eine abgeschiedene Fischerstadt, sowie Camagüey, einst ein wichtiger Viehumschlagplatz, der sich später zur Hochburg des Zuckerhandels entwickeln sollte. Bayamo mit seinen schon früh entdeckten Goldminen war ebenfalls ein Handelsknotenpunkt und

Das im Jahre 1515 gegründete Santiago liegt auf einer Reihe von Hügeln nahe der Sierra Maestra im Herzen der Provinz Oriente. Die Gebäude wurden der terrassenförmigen Umgebung angepaßt, wobei die hinteren Räume oft tiefer als die vorderen Räume lagen.

ein Umschlagplatz für französische und holländische Schmuggelware.

Die wichtigste Stadt im Osten aber war – damals wie heute – Santiago de Cuba, an der Südostküste im Herzen von Oriente gelegen. Von Anfang an der „Schmelztiegel" der Insel, wurde Santiago von *peninsulares* spanischer Herkunft, Kreolen, Schwarzen, Dominikanern und Tausenden von französischen Pflanzern bewohnt, die nach der haitianischen Revolution in den siebziger Jahren des 18. Jahrhunderts ins Land drängten. Mit seinem geschützten Hafen diente Santiago – das erste Bistum und von 1515 bis 1553 kubanisches Verwaltungszentrum – als Ausgangspunkt für Eroberungsexpeditionen nach Lateinamerika.

Da es keine eigene Hauptstadt besaß, entwickelte sich Zentral-Kuba mit seinen sehr konservativen, aristokratischen Städten mehr oder weniger eigenständig. Der südlich gelegene Hafen von Trinidad hatte wichtige Verbindungen nach Cartagena und diente Cortés als Stützpunkt bei der Eroberung Mexikos. Am Ende des 18. Jahrhunderts gehörte diese elegante *villa* neben Sancti Spíritus und Remedios zu den wichtigsten Zentren der Zuckerindustrie.

Havanna hingegen beherrschte Kubas Westen, die immer schon wohlhabendste und privilegierteste Region. Die Stadt war die Anlaufstation für den gesamten Schiffsverkehr durch den Golfstrom zwischen Spanien und der Neuen Welt, und Spaniens Entscheidung, den Hafen zu seinem imperialen Außenposten in der Karibik zu machen, stärkte die Bedeutung von Militär, Kirche und Handel. Im Jahre 1750 lebte die Hälfte der gesamten Inselbevölkerung (etwa 170.000) in der Stadt, die 1607 offiziell zur Hauptstadt erklärt worden war.

Das Havanna der Frühkolonialzeit war im wahrsten Sinne des Wortes eine Pionierstadt, deren wirtschaftliche Grundlage sich auf Handel und Dienstleistungen stützte, die auf die Tausende von Seeleuten ausgerichtet waren, die dort über Monate stationiert blieben. Schiffs- und Häuserbau stellten dabei zwei wichtige Wirtschaftszweige dar. Zu Anfang des 18. Jahrhunderts unterhielt Havanna intensive Handelsbeziehungen zur Golfküste, wobei es seine Verbindungen bis zum Mississippi ausweitete und zum Zentrum der Tabakindustrie wurde, damals Kubas wichtigste Einnahmequelle im Außenhandel.

LANDÜBEREIGNUNGEN UND FRÜHE STADTPLANUNG

Die ersten Siedler in Kubas Kolonialstädten und den ländlichen Gebieten kamen vorwiegend aus zwei Gruppen, die die Grundlage für das spätere Klassensystem der Kolonie bildeten. Die eine bestand aus Bauern und Arbeitern von den Kanarischen Inseln (1749 formell als kastilischer Besitz anerkannt), die größtenteils durch Landübereignungen nach Kuba gelockt wurden. Der andere Teil der Bevölkerung waren Aristokraten, der typisch kastilische Kleinadel, auch *segundones* (zweite Söhne) genannt, aus Neukastilien und der Estremadura (Südwestspanien).

Das politische und soziale Gefüge kubanischer Städte war oligarchisch: Alle Macht lag in den Händen einer privilegierten Minderheit. Die Regierungsgewalt lag beim *cabildo*, einem vom spanischen Gouverneur eingesetzten Stadtrat, dessen Mitgliedschaft den *peninsulares* spanischer Herkunft vorbehalten war. Der *cabildo* überwachte die Verteilung des Grundbesitzes, *mercedes* genannt, die sich nach der Klassenzugehörigkeit richtete. Die kleinsten Parzellen, die *péonias*, gingen an Bauern. Ansehnliche *caballerías* dagegen wurden privilegierten Edelmännern, den *caballeros*, zugesprochen, mit der Klausel, daß die Eigentümer in Kuba leben müssen. Diese großen Ländereien dehnten sich strahlenförmig um einen Mittelpunkt aus, an dem der Eigentümer ein Gasthaus zu unterhalten hatte und wo sich zwangsläufig der Kern einer kleinen Siedlung bildete. Noch heute spiegeln die Straßen und Stadtgrenzen vieler kubanischer Städte diese besondere kreisförmige Anordnung.

Grundriß, Lage und Anordnung aller spanischen Kolonialstädte unterlagen einer Reihe von wichtigen Vorschriften, die im Laufe vieler Jahre erlassen und 1573 als Neue Westindische Gesetze gesetzlich verankert wurden. Die Neuen Westindischen Gesetze waren das Ergebnis einer theologischen Debatte und theoretisch dazu gedacht, die moralischen Verstöße in Verbindung mit der Kolonisierung zu ahnden und damit die Rechte der eingeborenen Bevölkerung zu schützen. In der Praxis dienten sie allerdings dem Staat als Mittel, um nahezu jeden Bereich des kolonialen Lebens zu kontrollieren.

Diese Vorgaben regelten Straßenbreite und -verlauf, Farben für Gebäudefassaden sowie die Größe und Anordnung von Gebäuden und öffentlichen Plätzen. Diese mußten nach einem strikten Schachbrettmuster angelegt sein, das auf der Anordnung eines römischen Militärlagers basierte und sowohl ganz konkret wie auch in psychologischer Hinsicht die Ordnung garantieren sollte. Wie heute war der Marktplatz das pulsierende Herz der Stadt und in der Kolonialzeit ein außerordentlich wichtiger Mittelpunkt für politische, militärische, geschäftliche und gesellschaftliche Aktivität. Dieser zentrale Bereich war nicht nur Standort von städtischen Gebäuden, privaten *palacios*, Geschäften und Marktständen, sondern diente auch als Schauplatz für Militärparaden, Festlichkeiten, Turniere und öffentliche Hinrichtungen.

Die 1514 gegründete villa *Trinidad schmiegt sich an die Ausläufer des Escambray-Gebirges. Eine städtische Verordnung schrieb einen täglichen Zeitplan vor, wann Abwässer auf die steingepflasterten Straßen geleert werden durften; ein zentrales Abflußsystem sorgte dafür, daß die Gebäudefundamente nicht mit Wasser in Berührung kamen.*

Die Plaza Vieja *in Alt-Havanna existiert bereits seit dem 16. Jahrhundert, aber erst ein Jahrhundert später wurden hier die kreolischen Paläste mit ihren bogenförmigen* portales *errichtet. Ungewöhnlich an dieser Plaza war, daß sie ausschließlich von Wohngebäuden umgeben war.*

Die Abmessungen des Marktplatzes waren genau festgelegt: Er mußte rechteckig sein, die vier Ecken nach den Kompaßmarkierungen ausgerichtet; die Mindestgröße wurde auf 60 x 90 Meter festgesetzt, wobei eine Seite immer eineinhalbmal so groß zu sein hatte wie die andere. Zwei Straßen mußten sich an jeder Ecke im rechten Winkel kreuzen und vier weitere jeweils von der Mitte der Seiten abgehen, damit die Kavallerieparaden passieren konnten. Die Gebäude sollten auch – „zum Wohle der Händler" – mit *portales* oder schützenden Arkaden versehen sein. Aber bis zum 18. Jahrhundert hielten sich, hauptsächlich aus Kostengründen, nur wenige kubanische Städte an diese Vorgaben.

Die im 16. Jahrhundert erbaute *Plaza de Armas* in Havanna (die ursprünglich teilweise auf dem Gelände des *Castillo de la Real Fuerza* stand) war der erste Marktplatz der Stadt und Kern eines gitterartigen Grundrisses, der das Alt-Havanna von heute genau wiedergibt. Es bleibt anzumerken, daß die Neuen Westindischen Gesetze ebensooft ignoriert wie befolgt wurden. Während Städte wie Santa Clara, Matanzas und Holguín, die Mitte des 17. Jahrhunderts und später gegründet wurden, im allgemeinen die gesetzlichen Vorgaben *„a regla y cordel"* erfüllten, war das bei vielen frühkolonialen Niederlassungen nicht der Fall. Camagüey, Bayamo und Sancti Spíritus übernahmen zwar die Marktplätze, hatten aber von der Norm abweichende Grundrisse mit verwinkelten Straßen und besaßen eher mittelalterlichen als Renaissancecharakter. Trinidad und Santiago wiesen teilweise unregelmäßige Straßennetze mit einigen wenigen quadratischen Häuserblöcken auf. Santiago ist beispielhaft für seine natürliche Anpassung an die terrassenförmige Hügellandschaft, die sich über der Bucht erhebt. Der Grundriß umfaßt ein System von Plätzen, die sich von Osten nach Westen erstrecken, wobei sich die Stadt vom Hafen ausgehend auf immer höheren Ebenen ringförmig ausbreitet und damit an ein überdimensioniertes Amphitheater erinnert.

DAS FORT

Von den drei Stützen der frühen kubanischen Gesellschaft – Militär, Kirche und *cabildo* – war das Militär die wichtigste. Während der Regierungszeit von Karl I. (1516-56) und Philipp II. (1556-98) wurden verbindliche Baupläne für Festungsanlagen in der Karibik beschlossen und von den nachfolgenden Herrschern in den nächsten Jahrhunderten erweitert. Die erste Verteidigungslinie war strikt militärisch und bestand aus Küstenforts an strategischen Punkten der Inselperipherie; aufgrund ihrer Lage auf einem hohen Gebirgsvorsprung oder *morro* konnte man von den Befestigungsanlagen aus Truppenbewegungen zu Wasser und zu Lande beobachten.

Der in sich abgeschlossene Innenhof (rechts) und die zentrale Plaza (unten) waren wesentliche Bestandteile des frühen kubanischen Stadtlebens. Ein Eisenzaun und die klassizistischen Urnen, die auf der Plaza von Trinidad im 19. Jahrhundert aufgestellt wurden, verliehen ihr ein eleganteres Erscheinungsbild.

Eine dekorative Fassadengestaltung wie die Wandmalereien an der Casa del Conde de Casa Lombillo *in Havanna war im Kuba der Kolonialzeit weit verbreitet.*

Mit der Bedeutung der Städte wuchsen logischerweise auch ihre Festungssysteme; im 19. Jahrhundert mußten sie die kolonialen Interessen wichtiger Zuckerstädte wie Trinidad vor internen Angriffen kubanischer Revolutionäre während der Unabhängigkeitskriege schützen, wie sie Jahrhunderte zuvor die europäischen Seestreitkräfte abgewehrt hatten.

Diese Festungsprojekte waren beeindruckende technische Errungenschaften, bezeichnenderweise gab es jedoch administrative Probleme. Große Militärbauten waren eine ständige finanzielle Belastung, und die Geldmittel für die frühen kolonialen Forts mußten aus dem Etat für Mexiko kommen, weshalb Arbeitslöhne unregelmäßig, verspätet und unzureichend ausgezahlt wurden. Gleichzeitig führten Aufstände und Kämpfe unter den Arbeitern zu minderwertiger und sogar fehlerhafter Arbeit.

Die Militäringenieure genossen nichtsdestoweniger hohes berufliches Ansehen, und ihr guter Ruf, den sie sich dank ihrer technischen Fertigkeiten erworben hatten, war wohlverdient. Einer der ersten auf der Insel tätigen europäischen Ingenieure, der bekannte Bartholomé Sánchez, war an der Errichtung des *Castillo de la Real Fuerza*, der wohl ältesten Steinfestung des amerikanischen Kontinents, beteiligt. Das direkt neben der *Plaza de Armas* an der Buchteinfahrt von Havanna gelegene Castillo wurde 1558 in Auftrag gegeben, um ein früheres Fort zu ersetzen, das drei Jahre zuvor von französischen Kor-

Aufgrund der militärischen und wirtschaftlichen Bedeutung der zentralen Plaza im frühkolonialen Kuba schrieben die Neuen Westindischen Gesetze einen Standort in Hafennähe vor. Havannas Plaza de Armas, *um 1580 entstanden und als Stadtzentrum konzipiert, wurde im 18. Jahrhundert neu gestaltet und war wie alle kubanischen Plazas der frühen Kolonialzeit ursprünglich ohne Baumbestand.*

Die Schmiedearbeiten für das Castillo de la Real Fuerza *in Havanna begannen 1558, und 1562 wurde der Grundstein gelegt. Die Befestigungsanlage entstand nach dem Entwurf von Bartolomé Sanchez und Francisco de Calona. Die Arbeiten wurden von Sklaven und französischen Sträflingen ausgeführt.*

saren zerstört worden war. Die Ausführung des Baus erfolgte, wie damals üblich, in Zusammenarbeit mit dem *maestro mayor* oder Chefplaner der Stadt, in diesem Falle Francisco de Calona.

Die bekanntesten Militäringenieure im Kuba der Frühkolonialzeit waren Mitglieder der bedeutenden milanesischen Familie Antonelli. Seit 1581 war Bautista Antonelli, dem Familienoberhaupt, die Verantwortung für ein ausgedehntes lateinamerikanisches Festungssystem übertragen worden, das Projekte in Veracruz, Portobelo, Cartagena und anderswo in der Karibik umfaßte. Auf Befehl Philipps II. kam Antonelli 1589 nach Havanna, um den Bau des Aquädukts *Zanja Real* zu übernehmen. Zusammen mit seinem Neffen Cristóbal de Roda baute er das *Castillo de San Salvador de la Punta* (1589-1600) und das *Castillo de los Tres Reyes del Morro* (1589-1630), zwei wichtige Festungsanlagen von außerordentlicher strategischer Bedeutung, die den Kanal zur Bucht von Havanna abriegelten.

Charakteristisch für die damalige Zeit, waren Antonellis Entwürfe dem europäischen Festungsbau nachempfunden, der nach der Erfindung des Schießpulvers im späten Mittelalter entwickelt und in der Frührenaissance vervollkommnet worden war. Der streng geometrische Grundriß beinhaltete einen zentralen Platz mit Kasernen, Kerkern, Pulvermagazinen, einem Schatzamt, Offiziers- und Truppenquartieren sowie einer Kapelle. Ein komplexes System von Gräben, Gängen und sich nach oben hin verjüngenden Mauern, die mit spitz zulaufenden Bollwerken verstärkt waren, um Artilleriefeuer abzuwehren, führte zu einer Verbesserung der Verteidigungsanlagen.

Im Jahre 1607 wurde die Inselverwaltung unter zwei Ministerien – mit Sitz in Havanna und Santiago – aufgeteilt, in dem Bemühen, den Schmuggel einzuschränken und die Küstenüberwachung zu verbessern. Zu dieser Zeit erhielt Juan Bautista Antonelli, der Sohn von Bautista Antonelli, den Auftrag, das Befestigungssystem in Santiago zu erneuern, und begann 1639 mit seiner Arbeit am *Castillo de San Pedro de la Roca* (als *Castillo del Morro* bekannt). Dieses Fort ist besonders beachtenswert, weil es sich an die terrassenartige Form eines steilen Vorgebirges oder *morro* am vorderen Ende der Bucht anpaßt. Der Plan umfaßt drei Basteien und vier durch Treppen verbundene Hauptgeschosse. Nachschub wurde auf dem Wasserweg im Untergeschoß angeliefert, wo ein Artilleriespeicher direkt in die Felsen gehauen war.

Zurück in Havanna, zeichnete Juan Bautista Antonelli für mindestens zwei weitere Zwillingsforts verantwortlich, das *Fuerte de Cojímar* (um 1645) und das *Fuerte de Santa Dorotea de Luna de la Chorrera* (um 1645). Beide sollten die Flüsse Cojímar und Almendares (jeweils rechts- und linksseitig von Havanna) schützen und potentielle Angreifer von der Frischwasserzufuhr abschneiden.

Santiagos Castillo del Morro, *1639 nach einem Entwurf des Militäringenieurs Juan Bautista Antonelli gebaut, hatte einen perfekten Standort über der Einfahrt in die Bucht.*

Juan Bautistas kleines Fuerte de Cojímar *(rechts), um 1645 an der Cojímar-Mündung im Osten von Havanna erbaut, mißt 18 mal 18 Meter und beherbergte Quartiere für einen Kommandanten und seine Infanterie sowie eine Kapelle. Juan Bautistas Vater, der italienische Militäringenieur Bautista Antonelli, entwarf Havannas* Castillo de los Tres Reyes del Morro *(unten) im Jahre 1589.*

DIE KIRCHE

Indem sie Musik und Theater förderte, war die katholische Kirche die Basis kulturellen wie religiösen Lebens und bot eine Grundlage für die ersten Bildungseinrichtungen. Vor der Gründung einer Universität 1728 (eine klösterliche Einrichtung, die 1841 säkularisiert wurde) boten die Priesterseminare die einzige Möglichkeit einer höheren Bildung in Havanna; das 1722 gegründete *Seminario de San Basilio* in Santiago war die erste höhere Bildungsstätte in der östlichen Provinz Oriente. (Die erste öffentliche Schule in Kuba wurde erst 1788, ebenfalls auf die Initiative eines katholischen Priesters hin, eingerichtet.)

Erst das Vorhandensein einer Kirche machte die Gründung einer Stadt möglich. Ansonsten stellte die Krone keine Geldmittel zur Verfügung. In einigen Fällen wurden Gruppen von Siedlern von den Kanarischen Inseln aufgefordert, sich in Kuba niederzulassen und Städte zu gründen. Es gab fünf von diesen *ciudades sufragáneas* (mit einer Mindestanzahl von dreißig Familien) in Kuba: Bejucal, Santa María del Rosario, Jaruco, San Antonio de los Baños und Guantánamo. Einige dieser neuen kubanischen Siedlungen waren Lehensgüter oder Landzuteilungen an Adlige, die an ihren Titel den Namen ihres Herrschaftsgebietes anfügten (wie beim Lord von Jaruco oder dem Marquis von San Felipe und Santiago). Diese Edelmänner dienten der Stadt als Schutzherren, unterhielten dort oft ein Sommerhaus und stifteten einen Kirchenbau.

Die Kirche hatte einen entscheidenden wirtschaftlichen Einfluß, und die frühen Klosterorden häuften beträchtlichen Wohlstand an. (Ein englischer Reiseführer aus dem Jahr 1762 bezeichnete das Mönchskloster der Dominikaner und das Nonnenkloster von Santa Catalina als „reich" und das Kloster der Franziskaner sogar als „sehr, sehr reich".) Hohe Abgaben, die den Bauern aus der Umgebung abverlangt wurden, füllten die kirchlichen Schatzkammern. Zudem wurden die Gemeindemitglieder ermuntert, sich ewige Erlösung zu sichern, indem sie ihren Landbesitz den Klöstern vermachten, die dadurch zu Großgrundbesitzern wurden. Die Klöster forderten von ihren Novizen beträchtliche Mitgiften: Ein ganzes Haus, die *Casa del Marino*, das einem Nebenkloster des Konvents *Santa Clara de Asís* einverleibt wurde, war Teil einer solchen Mitgift. Die Novizen kamen gewöhnlich aus dem Adel und traten bezeichnenderweise in Begleitung eines Sklaven ins Kloster ein.

Die erste Kathedrale der Insel wurde in Baracoa gebaut und eine zweite in Bayamo. Santiagos Kathedrale wurde um 1523 errichtet, die von Camagüey um 1530; viele Städte folgten, wenn sie aufgrund von Größe oder Bedeutung ein Bistum verdienten. Die wichtigste Kirche neben der Kathedrale war der *parroquial mayor*, der Tempel des heiligen Geistes (*espíritu santo*) und Sitz des obersten Priesters der Region. Die herausragende Bedeutung des *parroquial mayor* machte einen exponierten Standort an der Seite oder Ecke des Hauptplatzes einer Stadt notwendig,

Die frühbarocke Kirche des Santo-Domingo-Ordens in Guanabacoa wurde 1730 von Lorenzo Camacho entworfen. Die symmetrische dreigeteilte Fassade deutet die Einteilung in ein Mittelschiff und zwei Seitenschiffe im Inneren an.

Die Ermita del Potosi *von 1675 in Guanabacoa (rechts) und* La Popa *in Trinidad (unten) sind Beispiele für die kleinen, aus einem einzigen Raum bestehenden kubanischen* ermitas, *die im Laufe der folgenden Jahrhunderte umgestaltet wurden.*

Der Franziskanerorden wurde 1563 in Havanna gegründet; die Kirche errichtete man um 1730 auf dem Gelände einer ehemaligen ermita. *Der Turm wurde im Laufe des 18. Jahrhunderts hinzugefügt.*

und im frühen 18. Jahrhundert war es nicht ungewöhnlich, wenn er einen gesamten Häuserblock einnahm. Die Kirche beherbergte oft ein Kloster oder einen Konvent, die allerdings nach der liberalen Gesetzgebung in den dreißiger Jahren des 19. Jahrhunderts geschlossen wurden. Der in sich abgeschlossene Komplex von *Santa Clara de Asís* beispielsweise, mit dessen Bau 1638 in Havanna begonnen worden war, beherbergte drei getrennte Klöster (zwei davon sind jetzt restauriert) sowie eine Kirche mit Einzelschiff und erstreckte sich über vier Gebäudekomplexe.

Auch *ermitas* oder Eremitagen repräsentierten einen wichtigen Teil kubanischer Kultur und waren Ausdruck einer Tradition, die bis ins 16. Jahrhundert zurückreicht. Hierbei handelte es sich um einfache Stadtteilkirchen, zu denen nur am Tag der Messe ein Priester kam; die Gottesdienstteilnehmer brachten sich traditionsgemäß Stühle von zu Hause mit. Wenn eine Stadt wuchs und der Pfarrbezirk wohlhabender wurde, wurde die *ermita* oft durch ein solideres Kirchengebäude ersetzt. Viele der heutigen Pfarrkirchen haben ihre Wurzeln in diesen bescheidenen Gebetshäusern.

Die ersten kubanischen Kirchen, die Kathedralen eingeschlossen, waren durchweg einfache Bauten mit Außenwänden aus Holz oder einer Ziegel-Lehm-Mischung (*embarrado*) und einem Dach aus Palmzweigen (*guano*). Nach und nach wurden sie durch solidere Steinbauten mit Ziegel- oder Holzdach und einem einfachen rechteckigen Grundriß ersetzt. Um 1600 führte man das Einzelschiff mit einem Chor an der Stirnseite ein, was vielleicht mit der ersten Kathedrale von Cartagena zusammenhängt, die im nördlichen Lateinamerika sehr häufig kopiert wurde. Wenn die Geldmittel es erlaubten, erfolgte gewöhnlich eine Erweiterung der Kirchen anhand neuer Pläne, die den alten Bau oft mit einbezogen. Der kreuzförmige Bau mit seinen durch Bogenpfeiler abgetrennten Seitenschiffen (wie in der Kirche des *San Francisco de Asís*) und seinen ungewöhnlichen Tonnengewölben kam wahrscheinlich im 18. Jahrhundert auf.

Die kubanischen Kirchenfassaden des 18. Jahrhunderts zeichneten sich durch die charakteristischen Stilmerkmale des spanischen Barockkirchenbaus aus. Die Wandfläche mit ihrem durch Halbsäulen und flache Nischen erzeugten Schattenspiel wurde von durchgehenden Gesimsen in zwei oder drei horizontale Ebenen unterteilt und von einem geschwungenen Giebel gekrönt; manchmal gab es noch einen oder zwei Seitentürme. *Il Gesú* in Rom (1568-84), die Mutterkirche der Jesuiten, gilt vielfach als Vorläufer dieses Grundschemas, das in katholischen Ländern, besonders in Lateinamerika, in den nächsten Jahrhunderten wiederholt und abgewandelt wurde. Stilistische Varianten im Kirchenbau waren zahlreich

Der Grundriß der Kirche San Francisco de Asís *in Havanna besteht aus einem Hauptschiff und zwei Seitenschiffen. Bemerkenswert an der Deckenkonstruktion der Kirche ist die Tatsache, daß sich die Addition der Kreuzgratgewölbe über dem Mittelschiff nach außen als Reihe tonnenförmiger Gauben abzeichnet.*

Der im Churrigueras-Stil gestaltete Altar des parroquial mayor *von San Juan Bautista in Remedios aus dem 17. Jahrhundert ist aus Zedernholz geschnitzt und mit Blattgold belegt. Als Reaktion auf den Protestantismus wurden im spanischen Barock Christus und die Heiligen durch kunstvolle Ikonographie gepriesen. Gold symbolisierte göttliches Licht, und Früchte verkörperten die Gnade des von Gott gegebenen Lebens.*

und verbreitet; besonders die Klostergründungen von Orden aus ganz Spanien wiesen eine Vielzahl von regionalen Einflüssen auf. So erkennt man in Kubas Pfarrkirchen an den häufig auftauchenden handgearbeiteten Intarsien in den *alfarjes* (Holzdecken) mit ihren prismenartigen *tirantes* (Traversen) den Einfluß der Mudéjar-Handwerker aus dem südspanischen Andalusien. Auch kunstvoll geschnitzte und vergoldete Altäre, *retablos* und Kanzeln im Churriguera-Stil fanden sich während der ersten Hälfte des 18. Jahrhunderts in vielen Städten der Insel.

DAS HAUS

Die frühkoloniale Wohnungsbauarchitektur in Kuba läßt eine langsame, aber stetige Entwicklung erkennen. Auf der ganzen Insel wiesen die Häuser typische Gemeinsamkeiten auf; dabei stand an erster Stelle der von den Mudéjares inspirierte Innenhof. Doch gab

Die Kirche Santo Domingo *in Guanabacoa wurde 1728 von Lorenzo Camacho entworfen und von Handwerkern der Kanarischen Inseln erbaut. Die Deckengestaltung nach Art der* alfarjes *gehört zu den kompliziertesten im kolonialen Kuba; nicht ein einziger Nagel wurde für die Einlegearbeit aus Tausenden von Holzteilen verwendet.*

es auch viele regionale Varianten in Grundriß und Detail, die zum Teil durch unterschiedliche Klimabedingungen und die geographische Lage bedingt waren. Das Kuba des 16. Jahrhunderts stellte eine im Wandel begriffene Kolonie dar, und die Architektur war in jeder Hinsicht provisorisch. Häuser wurden im wahrsten Sinne des Wortes für den Moment gebaut; die meisten Menschen warteten auf bessere Zeiten.

Die ersten Kolonialbauten entstanden in direkter Anlehnung an die Traditionen der Arawak-Indianer. Die Häuser der Anfangszeit, einfache Hütten, waren dem *bohío* der Taíno nachempfunden, einem einfachen Ein-Zimmer-Haus mit wasserdichtem Strohdach und Wänden, mit bretterartigen *yaguas* aus Palmenrinde verkleidet. Dieser Grundausstattung fügten die Spanier Fenster und eine Veranda hinzu. *Bohíos* waren überall auf dem Land zu finden.

Hohe schmale Treppen, sogenannte pretorios, *sind in Städten wie Santiago häufig zu finden. Im 20. Jahrhundert, als die Straßen verbreitert wurden, um mehr Platz für den Autoverkehr zu schaffen, wurden viele* pretorios *verkleinert oder ganz entfernt.*

Urnen oder copas *fand man auf der ganzen Insel als Dachschmuck. Diese Exemplare aus dem 19. Jahrhundert auf einem Haus der frühen Kolonialzeit in Guanabacoa gehören zu den wenigen Originalen, die in Kuba noch existieren.*

Verkürzte Pilaster und vorspringende gedrechselte Dachkonsolen, sogenannte turnapuntas, *sind regionale Stilelemente aus Camagüey. Um 1850 herum wurden solche Dachkonsolen allerdings als altmodisch angesehen.*

Die außergewöhnlich stark geschwungene Gestaltung des arco mixtilíneo *(rechts) ist typisch für die Architektur von Camagüey. Das* mirador-*Haus in Santiago (unten), das sich durch einen umlaufenden Balkon im Obergeschoß auszeichnet, ist ein Beispiel für den Kolonialstil des 18. Jahrhunderts.*

(Schmucke Varianten davon gibt es auch heute noch.) Aber auch in den Städten, besonders den Slumvierteln am Stadtrand, waren sie weit verbreitet. Die *bohío*-Stadtviertel stellten ein solch großes Problem dar, daß sie schon 1571 in Havanna verboten wurden, aber offensichtlich ohne Erfolg, denn sie wucherten weiter.

In der Gegend um Santiago de Cuba führten häufige Erdbeben zur Übernahme der überlieferten indianischen Pfahlbauweise, bei der vertikale Stützen aus extrem hartem Holz wie *jiquí*, *ácana* (Eisenholz) oder *chicharrón* (Rohholz) zuerst direkt in die Erde getrieben, dann mit elastischen *cuje*-Fasern (einer einheimischen Zuckerrohrart) umflochten und schließlich mit einer Kalkmischung verputzt wurden. Wenn ein Beben auftrat, bröckelte der Putz, aber die Rahmenkonstruktion hielt.

Neben verschiedenen *cuje*-Konstruktionen gab es auch Häuser aus *embarrado*. Das Material dieser einfachen strohgedeckten Häuser wurde nach und nach durch die widerstandsfähigere *mampostería*, eine Kombination aus Putzmörtel und Kalksteinschotter, ersetzt. Mit der Weiterentwicklung verschiedener Techniken fanden zum Ende des 16. Jahrhunderts *mampostería*-Häuser mit Holzschindel- oder Ziegeldächern zunehmende Verbreitung, besonders in Sancti Spíritus, Trinidad und Camagüey.

Der Patio-Grundriß der Mudéjares, Mittelpunkt des kubanischen Kolonialhauses, fand wahrscheinlich ab dem frühen 17. Jahrhundert seine Verbreitung, als die Siedler ausgefeiltere Konstruktionen entwickelten und festere Häuser bauten. Der geschlossene Lichthof leitete sich direkt aus der mittelalterlichen arabischen Tradition des privaten Innenhofs

Die Restaurierung läßt den maurischen Stil der Casa de Diego Velázquez de Cuéllar, *die der spanische Conquistador in der ersten Hälfte des 16. Jahrhunderts in Santiago erbaut hatte, wiederaufleben. Die Familienräume befanden sich auf dieser Galerie im Obergeschoß, die auf einen Innenhof hinausgeht.*

Die cuje-*Bauweise auf Zuckerrohrfaser- und Lehmbasis (rechts) war eine der frühesten Baumethoden der spanischen Siedler. Die vertikalen Stützpfeiler wurden an den Enden angesengt, um eine wasserabweisende Holzkohleschicht zu erzeugen, und dann direkt in den Boden getrieben.* Bohíos *wie diese strohgedeckten Häuser in Las Villas (unten) gehen auf die Behausungen der Arawak-Indianer zurück und sind seit dem 16. Jahrhundert in Kuba verbreitet.*

ab, in dessen Abgeschiedenheit die arabischen Frauen sich aufhielten und der Großteil der häuslichen Aktivitäten vor sich ging. Seine Einführung in Kuba war insofern wichtig, als er den ersten Schritt von einem primitiven Ein-Zimmer-Grundriß zu einer Aufteilung markierte, die bestimmten Räumen spezifische Verwendungszwecke zuwies. Der Innenhof war zudem notwendig, um die Belüftung von Reihenhäusern mit gemeinsamen tragenden Wänden zu gewährleisten.

Das Konzept des Patio-Grundrisses basierte auf einer Rangordnung der Räumlichkeiten (mit verschiedenen Größen und Deckenhöhen) von öffentlich und formell bis leger und privat. Im vorderen Bereich befanden sich die *sala*, die „gute Stube", die im allgemeinen nur dazu diente, die Möbel auszustellen, und ein oder zwei *aposentos* (Schlafräume), dahinter eine kleinere *saleta* und seitliche *recámaras* (weniger wichtige Schlafräume). Den sich wandelnden gesellschaftlichen Mustern gemäß wurde der Grundriß weiterentwickelt und das Haus um eine rückwärtige Galerie erweitert, wo man nähte, las und die Mahlzeiten zu sich nahm. Von der Galerie blickte man auf einen

Hinter bröckelndem Putz kommt mampostería *aus Bruchstein und Ziegeln zum Vorschein (oben). Ein Innenhof, dessen Boden mit Flußsteinen gepflastert ist, die auch als* chinas pelonas *oder „Kahlkopfsteine" bekannt sind (unten).*

Ein zentrales Element des Hofes der Kolonialzeit war der Brunnen. Die meisten kubanischen Häuser der Frühkolonialzeit hatten ein Rohrleitungssystem, das Regenwasser aus den zwischen den Dachziegelreihen verlaufenden Kanälen auffing und in eine unterirdische Zisterne leitete.

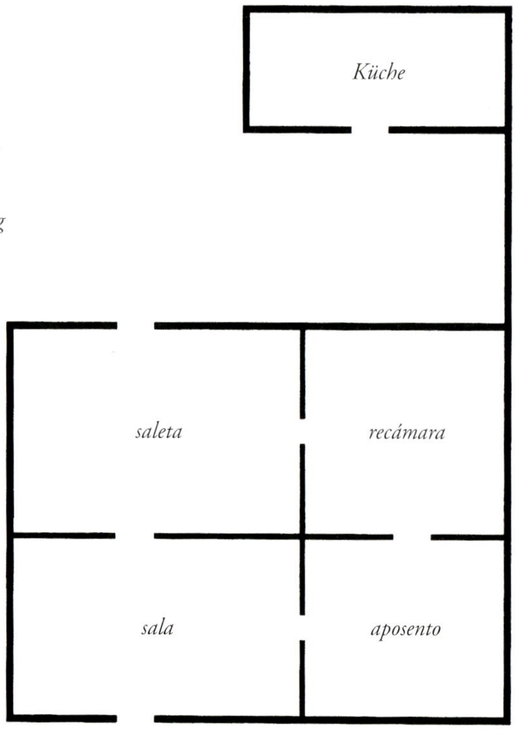

Frühkoloniales Haus

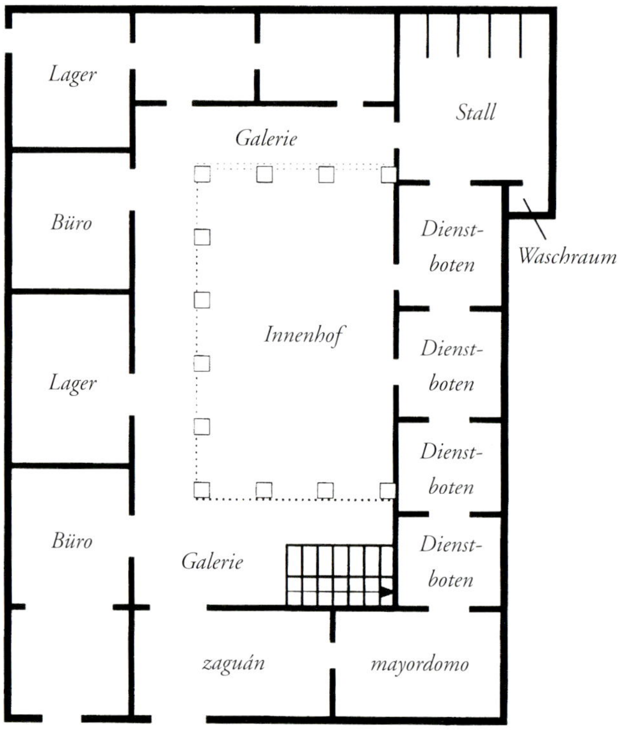

Havanna-Haus, erster Stock

weitläufigen Innenhof, der mit schattenspendenden Bäumen und Topfpflanzen begrünt war. Er war von einem U- oder L-förmigen Flügel mit kleineren benachbarten Räumen umgeben, darunter Schlafquartiere, Bad und Küche. Auf einer Seite des Erdgeschosses befanden sich manchmal Läden, in denen landwirtschaftliche Erzeugnisse verkauft wurden.

Die überwiegende Mehrheit der frühen Kolonialhäuser war eingeschossig, zum einen aus finanziellen Erwägungen, zum anderen wegen der Erdbebengefahr. In manchen Fällen stockte man einen einzelnen Raum (der als Büro oder Bibliothek diente) an einer der vorderen Ecken auf, wie es heute noch an einigen Häusern aus dem 17. Jahrhundert in Havanna zu sehen ist. Diese Bauweise wurde im 18. Jahrhundert für die Häuser von Plantagenbesitzern in einigen Zuckerzentren wie Trinidad übernommen.

Die Ausnahme von der Regel bildete Havanna, wo zweigeschossige *palacios* um die wichtigen Plätze und in deren Nebenstraßen erbaut wurden. Der Platzmangel machte die Errichtung von höheren Gebäuden notwendig; außerdem war Havanna nicht von Erdbeben bedroht. Ein weiterer Grund war das vorhandene Kapital. In der Bauweise des vornehmen Havanna-Hauses drückte sich die Rangfolge der Privilegien aus, die die Mitglieder eines *habanero* Upperclass-Haushalts genossen. Direkt zur Straße hin öffnete sich ein eingebauter privater *zaguán* oder Torweg, durch dessen große Türen Kutschen in den Innenhof fahren konnten. Die Räume im Erdgeschoß, die sich auf eine oder beide Seiten des Hofes verteilten, waren als Lagerräume, Büros und für mit dem Familienunternehmen in Zusammenhang stehende Dienstleistungen gedacht; Räume für die Bediensteten und Ställe befanden sich im rückwärtigen Bereich – eine Aufteilung, die außerhalb der Hauptstadt selten anzutreffen war. Über eine private Innentreppe erreichte man die abgelegenen Familienquartiere auf der ersten Etage, die mit einer Galerie versehen war.

Besonders charakteristisch an der Havanna-Bauweise nahm sich der *entresuelo* aus, eine Art Zwischengeschoß zwischen zwei Etagen, ein Stilmerkmal, das aus andalusischen Küstenstädten wie Jerez und Cádiz stammte. Der *entresuelo*, der Sklaven und Bedienstete beherbergte (und manchmal auch vermietet wurde), wurde anfangs in bereits existierende Bauten eingezogen, indem man das Erdgeschoß verkleinerte (daher seine Halbgeschoß-Proportionen). Um die Mitte des 17. Jahrhunderts repräsentierte er bereits von Anfang an einen wesentlichen Bestandteil bei der Planung des Hausbaus.

Die frühen kubanischen Häuser waren nach mittelalterlich-maurischer Tradition in einer fortlaufenden Linie gebaut, mit gemeinsamen tragenden Wänden oder *medianeras*. Sie besaßen ein Sattel- oder Walmdach, und ihre flachen, schmucklosen Fassaden mit ihrem fast festungsartigen Charakter grenzten direkt an die Straße. Neben dem Innenhof beeinflußten noch viele andere Mudéjar-Elemente den Hausbau bis weit ins 18. Jahrhundert hinein. Besonders bemerkenswert waren die tiefliegenden Fenster oder *rejas*, Balkone (bei zweigeschossigen Häusern) und gewölbte tönerne Dachziegel. Im Inneren des Hauses zeigte sich der Einfluß der Mudéjar-Kunst an so charakteristischen Merkmalen wie den verschachtelten hölzernen *alfarjes*, den getäfelten Türen und den verzierten Bodenfliesen aus Keramik.

Das einstöckige Santiago-Haus, auch fachada simple *genannt (ganz oben), war durch Brandmauern mit den Nachbarhäusern verbunden und verfügte über einen Innenhof. Manche der frühen Camagüey-Häuser hatten einen dreieckigen Grundriß (oben).*

Ein typisches Beispiel für das zweistöckige Havanna-Haus mit zentralem Hof, entresuelo *und Seitentreppen ist die 1720 erbaute* Casa del Conde de Bayona *in Alt-Havanna (rechts und unten).*

Der Einfluß des spanischen Barock scheint Havanna Ende des 17. Jahrhunderts erreicht zu haben, wie an der aufwendig gearbeiteten Türumrahmung der *Casa de la Obra Pía* zu erkennen ist. Diese Steinmetzarbeit wurde um 1686 in Spanien produziert und per Schiff nach Havanna transportiert. Wie im folgenden Kapitel ausgeführt, fand die Vermischung von Mudéjar- und Barockelementen bis weit ins 18. Jahrhundert statt, als der Barock seine volle Blüte erreichte.

Die Casa del Conde de San Juan Jaruco *in Havanna mit einer Innengalerie auf Steinsäulen wurde 1737 aus den Überresten eines älteren Hauses aus demselben Jahrhundert wiederaufgebaut.*

DIE SPÄTE KOLONIALZEIT
1762–1898

Eine unendliche Vielfalt von dekorativen Mustern sorgte für Abwechslung und strukturierte die Säulen des schattenspendenden portal, *das ein wesentliches Element der kubanischen Architektur der gesamten spätkolonialen Epoche blieb.*

Im Gegensatz zu dem relativ langsamen Wachstum während der ersten 250 Jahre der spanischen Besiedlung vollzog sich der Wandel in der späten Kolonialzeit mit Riesenschritten. Die britische Besatzungszeit in Havanna (1762) während des Siebenjährigen Krieges dauerte zwar nur zehn Monate, setzte aber zwei Entwicklungen mit weitreichenden Folgen in Gang: Man erhielt Zugang zu dem lukrativen englischen Sklavenhandel, und das spanische Handelsmonopol wurde, wenn auch nur vorübergehend, aufgehoben. Beides macht deutlich, daß Kuba in der Lage war, in der internationalen Wirtschaft seinen Platz zu behaupten, und bald nach dem Abzug der britischen Truppen entledigte sich die Insel ihrer Rolle als Dienstkolonie und wurde der weltgrößte Zuckerproduzent. Tatsächlich war Kuba, bevor die Unabhängigkeitskriege Ende des 19. Jahrhunderts die Wirtschaft zugrunde richteten, die reichste Kolonie der Neuen Welt – wahrscheinlich sogar reicher als Spanien selbst.

In den letzten Jahren des 18. Jahrhunderts zeigten unter der Herrschaft von Karl III. (1759-88) die bourbonischen Reformen auch in der hispanisch-karibischen Region Wirkung. Dem neuen König schien ein effektiv verwaltetes Kolonialreich in Westindien der Schlüssel zu imperialem Wohlstand für eine zunehmend bankrotte Monarchie zu sein. Spanien entsandte erneut europäische Militäringenieure, um die karibische Verteidigungslinie zu sichern, und während die administrativen Kontrollen gestrafft wurden, lockerte man die wirtschaftlichen Vorschriften, um die Entwicklung in Landwirtschaft und Handel anzukurbeln. Dies wiederum war die Basis für eine kreolische Reformbewegung, die den Grundstein für eine noch nie dagewesene Periode intellektuellen und wirtschaftlichen Fortschritts in Kuba legte, wobei ein blühendes freies Unternehmertum ständig neue Möglichkeiten entwickelte.

Daß sich das Klima der Aufklärung und, damit einhergehend, auch der wirtschaftliche Fortschritt durchsetzte, lag zu großen Teilen an der *Sociedad Económica de Amigos del País*, einer einflußreichen bürgerlichen Kulturorganisation zur Bildungsförderung, die 1793 von führenden kreolischen Intellektuellen ins Leben gerufen wurde. Unter dem Vorsitz von Francisco de Arango y Parreño, einem prominenten Ökonomen, rückte die Sociedad wieder *kubanische* statt spanische Angelegenheiten in den Mittelpunkt des Interesses, mit der Absicht, die Insel zu einem Paradebeispiel für den Fortschritt zu machen. Die Mitglieder förderten Wissenschaft, Bildung und Kunst (die Sociedad machte Jean Baptiste Vermay zum Direktor der Akademie der *bellas artes*) und erreichten, daß den kreolischen Zuckerpflanzern wichtige Zugeständnisse gemacht wurden. Eine Maßnahme der Sociedad, die die Zuckerindustrie revolutionieren sollte, war die Einführung der ersten dampfbetriebenen Zuckermühle (*ingenio*) in Kuba (1794 in London erworben). Dies stellte den entscheidenden Schritt zum Bau der ersten Eisenbahnlinie Lateinamerikas im Jahre 1837 dar, die in Betrieb genommen wurde, noch bevor in Spanien das erste Schienensystem fertiggestellt war.

Rationalistisches Gedankengut und Freimaurertum (während der britischen Besatzung eingeführt) verbreiteten sich und prägten das Denken einer zunehmend verweltlichten Gesellschaft. Die Gründung einer weltlichen Universität im Jahre 1841 markiert einen Bruch mit der spanischen Kirchentradition; der alte, konservative Lehrplan mit den Fächern Theologie, Mathematik und Recht wurde durch neue Kurse sowohl in Philosophie als auch in Politikwissenschaft, Volkswirtschaft und Botanik ergänzt. All diese Unterrichtsgegenstände bezogen sich direkt auf die landwirtschaftliche Produktion.

Genauso wie die kulturelle Aufklärung das Bewußtsein für innenpolitische Vorgänge schärfte, so trugen verstärkte Außenhandelsbeziehungen zur Öffnung Kubas nach außen bei. Mit dem zunehmenden Strom europäischer Kaufleute sowie französischer und spanischer Unternehmer aus Louisiana kamen sowohl ausländische Zeitschriften und Bestellkataloge als auch neue Ideen, neue Materialien und neue Bautechniken ins Land, die das kubanische Landschaftsbild eindrucksvoll verändern sollten. Obgleich die kreolischen Reformisten das Sklaventum nicht in Frage stellten, gab es auch eine starke Solidarität mit den Ideen der Französischen Revolution, der fortschrittlichen französischen Kultur des 19. Jahrhunderts im allgemeinen und dem französischen Klassizismus im besonderen. Kubaner, die ins Ausland rei-

Der im Valle de los Ingenios gelegene Ingenio Manacas *aus dem 18. Jahrhundert gehörte der Familie Hernández de Iznaga, die auch mehrere Stadthäuser in Trinidad besaß. Der formal gestaltete Garten war typisch für diese ländlichen* palacetes.

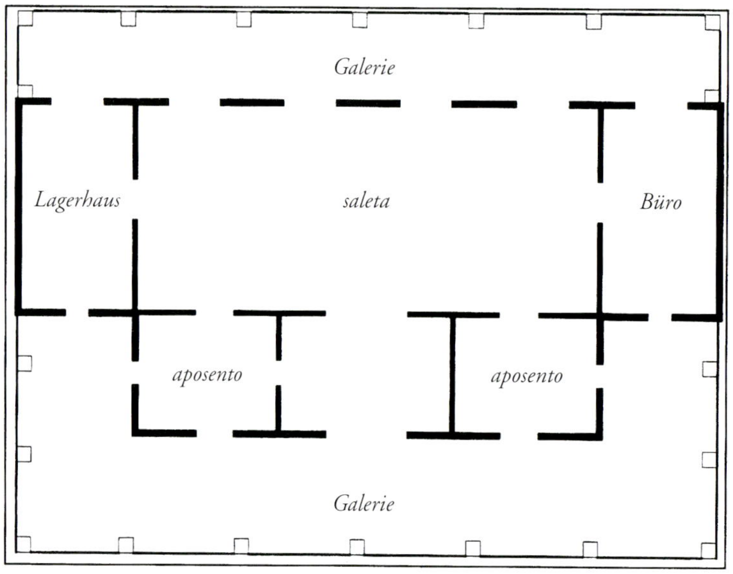

Ingenio

sten, brachten französische Bücher, französischen Wein und französische Musik mit. Die Franzosen führten auch die Fotografie und das Kino auf der Insel ein; sogar die besten und phantasievollsten Prostituierten waren, so heißt es, immer Französinnen.

EINE AUFSTREBENDE WIRTSCHAFT

Das Wachstum der kubanischen Zuckerproduktion Ende des 18. und Anfang des 19. Jahrhunderts war auf verschiedene Faktoren zurückzuführen, u. a. auf einen neuen Markt in Spanien und in den gerade unabhängig gewordenen Vereinigten Staaten, die Öffnung der spanischen Häfen für den Handel mit den Kolonien sowie den kometenhaften Preisanstieg nach dem Sklavenaufstand im Jahre 1791 in Haiti, der den französischen Zuckermarkt vernichtete, der einst drei Viertel des europäischen Marktes ausgemacht hatte. Die Anzahl der Zuckermühlen nahm zu. Während es um 1700 nur etwa 100 primitive *trapiches* (von Ochsen oder Maultieren angetriebene Mühlen) gab, die meist im Umkreis von Havanna lagen, stieg deren Zahl Anfang des 19. Jahrhunderts auf der ganzen Insel auf 500, darunter viele moderne *ingenios* mit Dampfantrieb. Bis 1846 vergrößerte sich die Anzahl der Mühlen auf etwa 1440. Die jährliche Zuckerproduktion erhöhte sich von 14.000 Tonnen im Jahre 1790 auf 34.000 Tonnen im Jahre 1805.

Zucker war der Spitzenreiter, aber Kubas Fortschritt basierte zum Teil auch auf Kaffee und Tabak. Um 1790 verbreitete sich der Kaffeeanbau, mit dem etwa 30 Jahre zuvor in Kuba begonnen worden war, schnell auf der Insel, ganz besonders im Osten, wo französische Pflanzer aus Haiti Hunderte von Kaffeeplantagen oder *cafetales* einrichteten und damit in den Bergen um Santiago und Guantánamo ihr eigenes Paradies gründeten. Der Kaffeeanbau war ein blühender Wirtschaftszweig, bis die Produktion in den vierziger Jahren des 19. Jahrhunderts durch Hurrikans und hohe US-Zölle ernsten Schaden erlitt. Auch die Zuckerwirtschaft wurde durch die brasilianische Konkurrenz und den Zehnjährigen Krieg beeinträchtigt. Die Tabakindustrie, die sich im Westen um Pinar del Río und Viñales konzentrierte, brachte bessere Ergebnisse, doch auch hier waren die Preise völlig von der Zollpolitik abhängig.

Die Zuckermühlen und die *cafetales* waren der Mittelpunkt des kubanischen Landlebens und bildeten gleichzeitig den Hintergrund für eine Art höfische Salonkultur mit Musik, Theater, Philosophie und Literatur, Kunst sowie französischer Küche, die im

Ein gepflasterter secadero *zum Trocknen der Kaffeebohnen vor dem* cafetal La Isabelica *in La Granpiedra in den Bergen bei Santiago. Die meisten kubanischen* cafetales *in Oriente wurden während der Unabhängigkeitskriege niedergebrannt, weil sie für die wirtschaftliche Lage der Region von entscheidender Bedeutung waren.*

Ein Blick ins Innere von La Isabelica *zeigt die* saleta *und den angrenzenden Schlafraum oder* aposento, *der direkt vom Hauptwohnraum abging; ein Grundriß, der sich in den Wohnhäusern der kubanischen Zuckerplantagen wiederfindet.*

frühen 19. Jahrhundert darüber hinaus die wichtigen Städte der Insel veränderte. Im Gegensatz zu den Kaffeepflanzern, die ausschließlich auf ihren Plantagen lebten, festigten die Zuckerpflanzer die Verbindung zwischen den Plantagen und den Zuckermetropolen, indem sie elegante *palacios* in den Städten unterhielten, während sie nur die Wochenenden auf ihren Plantagen verbrachten.

Die Plantagen, deren Größe zwischen 100 und 1.000 Morgen variierte, waren wie Städte angelegt, deren zahlreiche Gebäude unter dem Namen *batey* zusammengefaßt wurden, einem indianischen Wort für den Marktplatz im Dorfzentrum. Zu diesen Gebäuden gehörten das Haupthaus, die *casa de vivienda* oder der *palacete*, Quartiere für den Verwalter und die weißen Angestellten, Baracken für die Sklaven, der *ingenio*, wo das Zuckerrohr gemahlen wurde, die *casa de purga* zur Raffination des *guarapo* (Zuckerrohrsirup) sowie Pflegeunterkünfte für Kranke, Küche, Ställe, Lagerhallen und ein oder zwei Eisenbahnstationen.

Die *cafetales* umfaßten auch eindrucksvolle Gebäudekomplexe mit separaten Trockenöfen, Küche und *tahona* (Mühle), zweistöckigen Häusern mit Schlafquartieren, mit denen die Lagerhäuser aufgestockt wurden, und einen angrenzenden *secadero* (Trockenterrasse). Während die Kaffeepflanzer in der Stadt für ihre Gebäude rein spanische Bautraditionen übernahmen, besaßen die *cafetales* eher allgemein europäischen Charakter. Oft waren sie mit eleganten baumgesäumten Zufahrten und Gärten im traditionellen französischen Stil mit Blumenbeeten und Obstbäumen ausgestattet.

NEUE STÄDTE

Der Aufschwung der Landwirtschaft und die damit verbundene rapide Zunahme der Sklavenbevölkerung erzeugte eine Art doppelte Geographie: die Plantagen auf dem Land (im Besitz der kreolischen Elite) und die Städte mit ihrer wachsenden Schicht von Kaufleuten und Geldverleihern (vorwiegend spanische *peninsulares*, die den kubanischen Handel beherrschten), welche die Plantagen versorgten.

Mitte des 19. Jahrhunderts wurde der Zuckeranbau ausgeweitet, südlich von Havanna nach Westkuba, östlich entlang der Nordküste bis zur Inselmitte und in geringerem Ausmaß im Osten der Insel um Holguín, Bayamo, Guantánamo und Santiago. Während des Booms wurde von Trinidad aus ein Drittel der gesamten Zuckerproduktion der 56 Mühlen des nahegelegenen Valle de los Ingenios exportiert. So stieg Trinidad nach Havanna und Santiago zur drittwichtigsten Stadt in Kuba auf. Es unterhielt direkte Handelsbeziehungen mit Europa, Südamerika, den Vereinigten Staaten und Spanien. Matanzas, etwa 100 Kilometer östlich von Havanna an der Nordküste gelegen, entwickelte sich Mitte des 19. Jahrhunderts zum größten Zuckerexporteur der Welt und zog Kubas prominenteste Wissenschaftler und Schriftsteller der damaligen Zeit an.

Außerdem trugen fortschrittliche Kaufleute und Sklavenbesitzer dazu bei, daß völlig neue Städte geplant wurden, allein zwischen 1795 und 1840 entstanden mehr als fünfzig. Zu den blühendsten unter ihnen gehörten Guantánamo (1797 gegründet und seit 1820 ein Zentrum für *ingenios*), Cienfuegos (ursprünglich Ferdinanda de Jagua, 1819 von Louis de Clouet, einem kreolischen Händler aus New Orleans, gegründet) und Cárdenas (1828) mit seinem günstig gelegenen Hafen etwa 30 Meilen östlich von Matanzas. Regla, auf der gegenüberliegenden Seite des Hafens von Havanna gelegen, wurde ein wichtiger Zuckerumschlagplatz und Güines ein Endbahnhof für die erste Eisenbahn von Havanna. Als französische Reisende und die besseren Kreise in Kuba ihre Vorliebe für Kurbäder entdeckten, verwandelten sich andere Städte wie Guanabacoa, Puentes Grandes und San Antonio de los Baños – alle reich an mineralhaltigen Quellen – in beliebte Ferienkurorte, in denen alte *palacios* zu eleganten Hotels umgebaut wurden.

EINE NEUE STADTPLANUNG

Nach einem sich ständig wiederholenden Muster wurde das spätkoloniale Kuba immer wieder zum Objekt von Stadterneuerungsplänen, mit der Absicht, der Insel ein repräsentatives Aussehen zu verleihen. Sobald Kuba 1763 wieder unter spanischer Herrschaft war, wurde unter Aufsicht von Felipe de Fonsdeviela, dem Marqués de la Torre, ein Programm für Havanna in die Wege geleitet. Es wurde eine neue Ära eingeläutet, in der öffentliche Aufgaben im Vordergrund standen. Der Plan des Gouverneurs sah den Umbau der alten Stadtviertel, die *Plaza de Armas* mit eingeschlossen, vor und führte Neuerungen wie Straßen-

Der Turm von Iznaga bietet einen Ausblick auf das 250 Quadratkilometer große Valle de los Ingenios, einst Hauptzentrum der Zuckermühlen in der Nähe von Trinidad. Anfang des 20. Jahrhunderts war nur noch eine Mühle in Betrieb; etwa siebzig Ruinen sind noch heute zu sehen.

beleuchtung und Gehsteige ein; geplant waren außerdem das erste große öffentliche Theater in Kuba und die erste größere Straße außerhalb von Havannas Stadtmauern, der *Paseo de Extramuros* (später in *Paseo de Isabel II*, dann in *Paseo del Prado* umbenannt, heute offiziell *Paseo de Martí*).

Die Sanierung von Havannas Verteidigungssystem am Ende des 18. Jahrhunderts lag in den Händen von drei wichtigen Militäringenieuren: Pedro Medina aus Cádiz, Silvestre Abarca, Brigadekommandeur der Ingenieure und späterer *maestro mayor* von Havanna, und der in Kuba geborene Oberstleutnant der Ingenieure Antonio Fernández de Trevejos. In wechselnder Zusammensetzung arbeiteten die drei an den neuen Befestigungsanlagen von *San Carlos de la Cabaña* (1763-64) oberhalb des Zugangs zum inneren Hafen, dem *Castillo de Santo Domingo de Atarés* (1767) sowie dem *Castillo del Príncipe* (1767-79).

Das Wachstum der alten und die Entstehung von neuen Städten führten zu einem umfassenderen städtebaulichen Ansatz im 19. Jahrhundert. Dieser hielt an dem schachbrettartigen Grundriß fest, der von den Neuen Westindischen Gesetzen vorgeschrieben war, verband ihn nun aber mit einem Sinn für Feierlichkeit und barocker Monumentalität und knüpfte damit zumindest teilweise an europäische Architektur- und Planungsmodelle an. Breite, begrünte Boulevards mit Statuen bildeten feste Achsen, während klassizistisch inspirierte öffentliche Gebäude den erweiterten Plazas eine neue Größenordnung verliehen. Diese Einflüsse werden besonders deutlich am 1819 entworfenen Bauplan von Cienfuegos, das von einer Gruppe französischer Pflanzer aus Louisiana besiedelt wurde. Der Grundriß, der an New Orleans erinnert, zeigt einen zentralen Boulevard mit einem parkähnlich angelegten Mittelstreifen, ein regelmäßiges Straßennetz mit 100 Hektar großen quadratischen Wohnblocks und Parks sowie eine gewaltige *Plaza de Armas*, die sich, ungewöhnlich für eine kubanische Stadt, über zwei ganze Häuserblocks erstreckt.

Im gleichen Geist wurde Havanna nochmals umgestaltet, diesmal von 1834-38 unter General Miguel Tacón, einem sehr konservativen Monarchisten, der eine einheitliche Stadterweiterung vorsah, die einen neuen Sinn für Ordnung in der Kolonie zum Ausdruck bringen sollte. Mit der Ausführung wurde der Militäringenieur Mariano Carrillo de Albornoz beauftragt. Tacóns Bebauungsplan schuf ein einheitliches Straßenbild und diente auch für andere kubanische Städte als Vorbild. Alte Fassaden wurden verändert und an das rhythmische Gleichmaß der mit Säulen versehenen *portales* angepaßt, die sich durchgehend über ganze Häuserzeilen erstreckten. Das großartige *Teatro Tacón* (zweimal renoviert und schließlich in das *Centro Gallego* integriert) mit seinem massiven klassizistischen Säulengang an der Vorderfront und die erste Eisenbahnstation der Stadt wurden am *Paseo de Extramuros* errichtet.

Den Höhepunkt bildete der *Prado Militar* (die spätere *Avenida Carlos III* und heutige *Avenida Salvador Allende*), der in Ost-West-Richtung durch die Stadt verlief und den Truppen im Fall eines Aufstands einen schnellen Zugang vom *Castillo del Príncipe* nach Havanna ermöglichen sollte. Dieser breite, gerade Boulevard bot nicht nur Platz für Kavallerieparaden, bei denen feierliche Kanonenschüsse über die ganze Länge abgefeuert werden konnten, sondern symbolisierte auch die Macht der Oberschicht. Den Bewohnern der eleganten Villen in der Umgebung der *Quinta de los Molinos*, einem Landhaus der Regierung, das 1837 von Tacón in Auftrag gegeben wurde, diente er als exponierte Flaniermeile.

Zu Beginn des 19. Jahrhunderts zog es die wohlhabenderen kubanischen Familien, die den dichtbevölkerten Stadtzentren entfliehen wollten, an den Stadtrand, wo sie gesündere Lebensbedingungen zu finden hofften. Die Ausbreitung der Wohnbezirke *extramuros* begann mit El Cerro, einem Viertel, das sich zwischen 1803 und 1840 im Südwesten von Havannas Altstadt entwickelte, und kennzeichnete die zunehmende Klassentrennung. Während freies Areal vor den Toren der kubanischen Städte nach und nach mit großzügigen freistehenden *quintas* oder Landhäusern bebaut wurde, verfielen die verwaisten Innenstadt-*palacios*, und die Viertel wurden zu Slums (*cuarterías*). Um 1850 entstanden beengte, primitive Mietshäuser, sogenannte *solares* oder *ciudadelas*.

1861 wurden in Kuba die ersten formalen Baugesetze, die *Ordenanzas de Construcción para la Ciudad de la Habana y los Pueblos de su Termino Municipal*, erlassen, die von allen, die bauen oder Veränderungen an Gebäuden vornehmen wollten, eine Berufsbescheinigung und die Vorlage einer gesetzlichen Genehmigung verlangten. Die Gesetze schrieben ebenfalls *portales* für die Straßen *Calzada de la Reina* und *El Prado* vor. Im selben Jahr verfügte ein Generalbebauungsplan des Ingenieurs Francisco José de Albear y Lara, Direktor des kubanischen Büros für öffentliche Aufgaben, den Abriß der Stadtmauern und skizzierte neue *ensanches* oder Außenbezirke mit breiten öffentlichen Straßen, die von einem Netz schmalerer Privatstraßen der Wohnviertel gekreuzt wurden. Albear schlug auch *chaflanes* (abgerundete Straßenecken) für einige Plätze in Havanna vor, um enge Stellen zu erweitern und den Verkehrsfluß zu verbessern. Dieses Detail erinnert stark an den Einfluß des 1857 entstandenen *ensanche*-Grundrisses für Madrid von Carlos María Castro sowie an einen Entwurf aus dem Jahre 1859 von Ildefons Cerdá[1], dem Pionier der modernen Bauplanung in Barcelona; Albear hat-

Zur Zeit der Jahrhundertwende tauchten die ersten Balustraden über dem traditionellen kubanischen portal *auf. Der Innenhof dieses Hauses in Remedios ist von oben einsehbar.*

Die zweistöckige freistehende quinta *trat im frühen 19. Jahrhundert erstmals in Erscheinung. Das Landhaus in Rancho Boyeros (rechts) zeichnet sich durch schattige Galerien aus. Die* Quinta de los Molinos *in Havanna (unten) wurde 1837 von Félix Lemau und Manuel Pastor entworfen, die von Gouverneur Miguel Tacón den Auftrag für einen Sommersitz an der eleganten Avenida Carlos III erhielten.*

te 1846 selbst an einem Stadtbebauungsplan für Barcelona mitgearbeitet.

Zu dieser Zeit wurden auch zum ersten Mal städtische Grünanlagen, öffentliche Parks und botanische Gärten angelegt. Vedado, ein 1859 gegründeter Vorort von Havanna, war der erste Stadtbezirk, in dem Grünstreifen zwischen Gehsteig und Straße gepflanzt wurden. Die meisten kubanischen Städte bekamen einen *parque republicano*, einen rechteckigen Park von der Größe eines Häuserblocks, der oft aus einer früheren Plaza entstanden war. Er wurde von zwei Wegen geteilt, die häufig auch diagonal verliefen und an deren Kreuzung ein Brunnen oder eine Statue stand.

STÄDTISCHE ARCHITEKTUR

Kubas große Tradition der spätkolonialen städtischen Architektur begann im 18. Jahrhundert mit den Bauten, die der Marqués de la Torre für die *Plaza de Armas* in Havanna in Auftrag gab. Zwei von ursprünglich vier geplanten städtischen Gebäuden lassen in dem umgebauten Platz das Verwaltungszentrum der Hauptstadt erkennen: der *Palacio del Segundo Cabo*, auch als *Real Casa de Correos* bekannt, der von dem Militäringenieur Antonio Fernández de Trevejos entworfen wurde, ebenso wie der *Palacio de los Capitanes Generales*, offizieller Sitz des Gouverneurs der Kolonie, an dessen Entwurf auch de Trevejos und Pedro Medina beteiligt waren. Diese Gebäude spiegelten eindrucksvoll die Macht der Monarchie wider und gehören noch heute zu den bedeutendsten öffentlichen Gebäuden in Kuba. Beide wurden aus Korallenfels gebaut und im Jahre 1791 fertiggestellt, und beiden war der traditionelle zentrale Innenhof (beim *Palacio de los Capitanes Generales* 1835 erweitert) ebenso gemeinsam wie der *entresuelo* und die *portales* zur Plaza hin. Obwohl er größer war, sollte der *Palacio de los Capitanes Generales* die Anlage des Nachbargebäudes (mit dessen Bau sieben Jahre früher begonnen worden war) vervollständigen. Auch die Symmetrie der regelmäßig wiederkehrenden Nischen, der bogenförmigen *portales* und kunstvoll verzierten barocken Fenster mit ihren Buntglas-Einsät-

Der zentrale Platz von Remedios wurde als parque republicano *mit einem Pavillon am Schnittpunkt zweier symmetrisch verlaufender Wege angelegt.*

Der Palacio del Segundo Cabo *(ganz oben) und der benachbarte* Palacio de los Capitanes Generales *(oben und rechts) wurden um 1790 erbaut, um Havannas* Plaza de Armas *ein neues monumentales städtisches Profil zu verleihen. Beide Gebäude wurden von Militäringenieuren entworfen und verdeutlichen den kubanischen Hang zu barockem Pomp, der am Ende des 18. Jahrhunderts seinen Höhepunkt erlebte.*

El Templete, *dem barocken* Palacio de los Capitanes Generales *auf der* Plaza de Armas *in Havanna direkt gegenüber gelegen, ist eines der ältesten noch existierenden klassizistischen Gebäude in Kuba. Das Baudenkmal von Antonio María de la Torre mit seiner Tempelfassade wurde 1828 fertiggestellt.*

zen fiel sofort auf und verlieh dem Stadtbild eine gewisse gebieterische „Korrektheit".

Der 1828 fertiggestellte *El Templete*, von Antonio María de la Torre für die Südseite der *Plaza de Armas* entworfen, kennzeichnete eine neue Ära klassizistisch inspirierter städtischer Architektur, die in kleinen wie in großen kubanischen Städten beliebt war. Unmittelbar dem *Palacio de los Capitanes Generales* gegenüber gelegen, erinnerte das kleine Monument an die Stelle, an der im 16. Jahrhundert die erste Messe in Kuba abgehalten worden war. Obwohl dieser elegante Bau winzig wirkt im Vergleich zu den älteren städtischen Gebäuden gegenüber, verlieh ihm seine griechisch-römische Tempelfassade – eine dorische Säulenvorhalle unter einem klassizistischen Metopen-Triglyphen-Fries sowie einem dreieckigen Tympanon – einen ausgeprägt monumentalen Charakter. Darüber hinaus repräsentierte diese Gestaltung sowohl einen glatten Bruch mit den spanischen Barock- und Mudéjar-Traditionen als auch eine starke Verbundenheit mit dem französischen Klassizismus, der im nächsten Jahrhundert einen großen Einfluß auf die Baukunst der ganzen Insel ausüben sollte.

El Templete gehörte zu den ersten von zahlreichen öffentlichen Gebäuden in Kuba, die infolge der verbesserten Handels- und Transportbedingungen, des neuen Stellenwerts, der öffentlichen Aufgaben zukam, und der Entwicklung von Bildung und Freizeit entstanden; dazu gehörten außerdem Warenhäuser, Bahnhöfe, Markthallen, Büchereien, Theater, Gesellschafts- und Kulturclubs (die sogenannten *casinos*) und sogar Stierkampfarenen. Mit wenigen Ausnahmen blieb die städtische Architektur dem klassizistischen Stil verhaftet – imposante Kolonnaden, Giebel und Marmorskulpturen sollten symbolisch einen Eindruck kultureller Leistung sowie ein Image bürgerlicher Würde vermitteln.

Besonders für die kubanische Theaterarchitektur läutete die kulturelle Aufklärung des 19. Jahrhunderts eine große Epoche ein. Das Theater, bei den alten Griechen das wichtigste öffentliche Gebäude nach dem Tempel, galt als unmittelbar mit der klassischen Kultur verbunden und verkörperte somit auf ideale Weise das hohe kulturelle Niveau, das in Kuba angestrebt und auch erreicht wurde. Der Marqués de la Torre erbaute 1767 das erste Barocktheater in Havanna; die französische Exilgemeinde in Santiago tat es ihm gleich, wenn auch mit einem weniger imposanten strohgedeckten Bau. Im 18. Jahrhundert war es ansonsten durchaus üblich, Vorführungen auf städtischen Plätzen zu inszenieren, manchmal in einer provisorischen „casa", die eigens zu diesem Zweck errichtet wurde. Anfang des 19. Jahrhunderts fanden Theateraufführungen dann auch in privaten *palacios* statt.

Das 1863 nach einem Entwurf von Daniel Dall'Aglio erbaute Sauto *in Matanzas galt als Vorbild für die meisten kubanischen Theater des 19. Jahrhunderts. Während das obere Stockwerk mitsamt Giebel klassizistisch gestaltet ist, ist das Erdgeschoß mit einem kubanischen* portal *versehen, das auch als Kutscheneinfahrt diente (unten). Die gußeisernen Stühle mit Rohrgeflecht (links) wurden in den Vereinigten Staaten hergestellt.*

Viele bekannte Stars, wie zum Beispiel Anna Pawlowa, sind auf der Bühne des Sauto *(rechts) aufgetreten, die mechanisch gehoben und gesenkt werden konnte. Ein im Keller befindliches mechanisches System hob den Boden des Zuschauerraums an; so entstand, wenn die Parkettbestuhlung entfernt wurde, ein Ballsaal. Allegorische Gemälde zieren die Kuppel des* Teatro Caridad *(oben), das 1884 von Marta Abreu de Estevez „für die Armen von Santa Clara" gestiftet wurde.*

Das 1720 erbaute Kloster- und Kirchengebäude San Francisco *in Guanabacoa (unten) wurde 1796 von José Perera vollständig umgestaltet. 1884 zerstörte ein Hurrikan einen Seitenturm. 1748 begann man am Standort der Kathedrale von Havanna (ganz rechts) mit dem Bau einer Jesuitenkirche, doch das Bauvorhaben wurde 1767 eingestellt, als der Jesuitenorden aus den spanischen Kolonien vertrieben wurde. Die barocke Fassade stammt aus dem Jahre 1777.*

Von französischen Vorbildern inspiriert, boten die großen klassizistischen Theater des 19. Jahrhunderts den passenden Rahmen für umherreisende europäische Künstlertruppen – die vom klassischen Ballett bis zur italienischen Oper alles boten –, wobei die kubanischen Städte als Gastgeber fungierten. Das beeindruckendste Theater außerhalb von Havanna war das von dem italienischen Architekten Daniele Dall'Aglio entworfene, 1863 erbaute *Teatro Sauto* in Matanzas. Es stellte ein wichtiges und prestigeträchtiges Projekt für die Stadt dar, die die benötigten Geldmittel für Entwurf und Bau durch den Verkauf von Abonnements aufbrachte.

Der Entwurf, der strikten Auflagen unterworfen war und für den man sich nach einem Wettbewerbsverfahren entschieden hatte, sah einen eleganten fünfstöckigen Bau mit einer Einfahrt für Kutschen vor. Die Inneneinrichtung richtete sich nach dem Grundmuster, das von der europäischen Oper inspiriert war: eine separate Bühne mit Vorhang und ein großer Zuschauerraum mit nach Klassenzugehörigkeit getrennten Sitzplätzen. Der Innenraum mit seinen umlaufenden Balkonen auf drei Ebenen und schmiedeeisernen Sitzen, gefertigt in den Vereinigten Staaten, sowie separaten Rauchersalons wurde von einem kunstvollen klassizistischen Deckenfresko gekrönt. Das *Sauto* hatte für viele andere Theater Vorbildcharakter, darunter das *Milanés* in Pinar del Río und das *Tomás Terry* in Cienfuegos.

KIRCHENARCHITEKTUR

Die kubanische barocke Kirchenarchitektur erreichte ihren Höhepunkt in der zweiten Hälfte des 18. Jahrhunderts, als die Tradition der reich geschnitzten und vergoldeten Innenausstattung im Churrigueras-Stil in vielen Pfarrkirchen sehr populär war. Beispiele solcher Ornamentik sind Kanzel und *retablo* des *Parroquial Mayor*, 1766 von der zweiten Gräfin von Casa Bayona in der kleinen Stadt Santa María de Rosario bei Havanna gegründet. Der Stil erreichte seinen Höhepunkt in der dynamisch gestalteten Fassade der Kathedrale von Havanna, deren Bau um 1777 fertiggestellt und die 1787 zur Kathedrale erhoben wurde. Die Fassade mit ihren konvexen und konkaven Formelementen und den abgestuften eckigen Gesimsen als Kontrapunkt ist Francesco Borrominis *San Carlo alle Quattro Fontane* in Rom (1667) nachempfunden und spiegelt in jener Zeit ein Wiederaufleben italienischer Einflüsse bei den Architekten aus Cádiz.

Die zunehmende Verweltlichung des kulturellen Laienstands führte ebenso wie der Aufschwung des

Die prächtigen Schnitzereien an Kanzel und Altar machen die 1766 von den Condes de Bayona gestiftete kleine Dorfkirche Santa María del Rosario *zu einer der am kunstvollsten ausgestatteten Kirchen im ländlichen Kuba. Die Gemälde wurden von José Nicolas de la Escalera ausgeführt, einem berühmten Kunsthandwerker von den Kanarischen Inseln, der auch am Kloster* Santo Domingo *mitarbeitete.*

Die Iglesia de la Santísima Trinidad *in Santiago ist eine der charakteristischsten kubanischen Kirchen mit drei Schiffen, die jeweils mit einer eigenen Tür versehen sind. Sie wurde im Jahre 1787 fertiggestellt.*

französisch orientierten Rationalismus und des Freimaurertums im 19. Jahrhundert zum Verfall der Macht des römischen Katholizismus und einer Trennung von Kirche und Staat. Das Freimaurertum war weitverbreitet. Die katholische Kirche wurde mit der spanischen Herrschaft gleichgesetzt, und viele kreolische *independistas* traten der Freimaurerbewegung bei, die während der Unabhängigkeitsbewegung des späten 19. Jahrhunderts ein Zentrum verdeckter Aktivitäten gegen die spanische Monarchie darstellte. Diese Veränderungen gingen mit dem Aufkommen des Klassizismus und der gänzlichen Ablehnung der überschwenglichen, gar vulgären Ikonographie des Barock einher. Die gerade in Mode gekommene klassizistische Ästhetik bot mit ihrer Schlichtheit ein geeignetes Gegenmittel und galt als Zeichen guten Geschmacks. Am Ende des 18. Jahrhunderts wurden durch königlichen Erlaß sogar die überladenen Altäre im Churrigueras-Stil verboten und durch einfache Versionen ersetzt, die auf schmucklosen klassizistischen Marmor- oder Holzsäulen mit Marmorimitation ruhten.

Doch nicht nur die neuen Kirchen spiegelten den klassizistischen Einfluß wider; auch ältere Kirchen wurden oft in diesem Stil umgestaltet. So erhielt die Kathedrale von Havanna um 1814 eine neue klassizistische Innenausstattung mit verputzten Gewölben, die aus mehreren Lagen dünner Ziegel konstruiert waren. (Steingewölbe waren in der Karibik nicht weit verbreitet, da aufwendige Maurerarbeiten sowohl teuer als auch erdbebengefährdet waren; so experimentierten die Baumeister oft mit Alternativen.)[2] Kirchen erhielten häufig schlichte, klassizistisch inspirierte Fassaden; *Espíritu Santo* in Havanna, eine der ältesten Kirchen der Stadt (1638 als *ermita* gegründet), wurde um 1847 auf diese Weise umgestaltet. Neue klassizistische Kirchenfassaden brachen vollständig mit der barocken Bauweise der Vergangenheit; oft kombinierte man eine giebelgekrönte Tempelfront mit einem zentralen Spitzturm zu einer symmetrischen Komposition, die an die herkömmliche angelsächsische Kirche erinnerte.

Zur selben Zeit wurden Monumentalfriedhöfe zu einem wichtigen Element des Stadtbilds. Die beiden frühesten und großartigsten Beispiele in Kuba waren der *Cementerio de Cristóbal Colón* in Havanna und der *Cementerio Santa Ifigenia* in Santiago mit den Grabstätten von Kubas verehrten Helden der Unabhängigkeitsbewegung, Carlos Manuel de Céspedes und José Martí.[3]

Der Colón-Friedhof (1871-86), nach einem Entwurf des galizischen Architekten Calizto de Loira von

Seit Mitte des 19. Jahrhunderts wurde der Barockstil innerhalb der Kirchenarchitektur abgelehnt. Die Kirche Espíritu Santo *in Havanna (oben), die 1638 als* ermita *entstanden war, wurde 1847 mit einer klassizistischen Fassade versehen.* San Pedro *(oben rechts) und die* Montserrat-Kapelle *(rechts) sind der italienischen Renaissancearchitektur verpflichtet. (Die Statuen wurden später für Filmaufnahmen hinzugefügt.)*

Die Kathedrale San Carlos, *die älteste Kirche in Matanzas, stammt aus dem Jahre 1730, wurde aber bei Umbauarbeiten im folgenden Jahrhundert mit klassizistischen Elementen wie den Pilastern ausgestattet.*

Die 1850 erbaute Kirche San Salvador del Mundo *in Havanna besitzt einen zentralen Turm, der an die angelsächsische Tradition erinnert.*

dem kubanischen Architekten Eugenio Rayneri in modifizierter Form gebaut, wurde auf einem etwa 50 Hektar großen Grundstück angelegt, das sich im Besitz der römisch-katholischen Kirche von Vedado befand. Er repräsentierte in hohem Maße die städtische Architektur jener Epoche – ein monumentales Kunstwerk, kreativ, symbolisch, romantisch und spirituell zugleich. Der Entwurf ist dem symmetrischen Grundriß eines römischen Lagers nachempfunden; mit seinen vier diagonal angeordneten Quadranten hebt er sich deutlich von dem gleichmäßigen Schachbrettmuster ab, in dem die Wohnblocks des Bezirks Vedado angelegt sind. Zwei breite begrünte Straßen durchkreuzen den Friedhof und treffen bei einer Kapelle in der Mitte eines runden Platzes mit 90 Metern Durchmesser aufeinander. Kleinere Strassen mit kreisförmigen Plätzen bilden weitere Kreuze in jedem Quadranten. Den Haupteingang markiert

Die als Totenstädte konzipierten Friedhöfe Santa Ifigenia *in Santiago (links) und* Colón *in Havanna (rechts) sind beispielhaft für die Grabmalgestaltung des 19. Jahrhunderts. Die Grabstätten waren nach Klassen getrennt. Gesellschafts-, Berufs- und ethnische Vereinigungen errichteten hier Grabstätten für ihre Mitglieder; allein auf dem* Colón-*Friedhof befinden sich neunzig dieser Grabmäler.*

ein mächtiger romanisch-byzantinischer Triumphbogen aus vor Ort gehauenem Korallenfels; er soll den Sieg der Liebe über den Tod symbolisieren. Den Bogen schmückt eine Marmorskulptur – *Die theologischen Tugenden* – des bekannten kubanischen Bildhauers José Vilalta Saaverda.

Beide Friedhöfe waren anfangs ausgesprochen exklusiv – so war Colón ausschließlich spanischen Loyalisten und Mitgliedern des *cabildo* von Havanna vorbehalten –, und die Familien wetteiferten beim Bau der kunstvollsten Grabstätten. Viele der erlesenen Grabmäler aus Carrara-Marmor kamen in Einzelteilen per Schiff aus Italien und wurden dann von italienischen oder kubanischen Bildhauern vollendet. Die gesellschaftliche Stellung bestimmte sowohl Lage als auch Größe der Parzellen; so war eine solche Nekropolis letzten Endes eine Stadt in der Stadt, wo Klassenzugehörigkeit im Tod wie im Leben alles bedeutete.

WOHNHAUSARCHITEKTUR

Die spanisch-koloniale Wohnhausarchitektur des ausgehenden 18. Jahrhunderts gipfelte in den großen *palacios* von Havanna und ein paar Jahrzehnte später in Zuckermetropolen wie Matanzas, Sancti Spíritus und Trinidad. Im letzten Drittel des 18. Jahrhunderts wurden viele der frühkolonialen *palacios* in Havannas alten Vierteln umgebaut und vergrößert; üblich war die Erweiterung der zweiten Etage, die dann auf die Plaza hinausragte und auf einem bogenförmigen *portal* ruhte. Der Patio-Grundriß fand bis weit ins 19. Jahrhundert Anwendung, besonders in den eher konservativen Innenstädten. Eine weitere Neuheit war die Hinzufügung eines zweiten, kleineren Innenhofes, des sogenannten *transpatio*, der sich quer an den rückwärtigen Teil des ersten Innenhofs im Erdgeschoß anschloß und den man gewöhnlich von einem Eßzimmer im zweiten Stock aus sehen konnte. Zwischen 1750 und 1775 fanden die für Havannas Kolonialarchitektur charakteristischen bunten *vitrales*, gefärbte Glasfenster, Verbreitung, die den Häuserfassaden Farbigkeit und Lebendigkeit verliehen. Die reichsten Verzierungen waren allerdings immer noch an den grandiosen barocken Eingangstüren zu finden, die gewöhnlich von ortsansässigen Handwerkern gefertigt wurden.

Was räumliche Lösungen und Detailgenauigkeit anging, bestand eine enge Verwandtschaft zwischen Stadt- und Plantagenhäusern von geographisch wie ökonomisch miteinander verbundenen Gebieten, wie im Falle Trinidads und des nahegelegenen Valle de los Ingenios, des Zentrums der Zuckermühlen in jener Gegend. Der Aufbau des Plantagenhauses ging auf das Schema des *sala*-Grundrisses zurück, wobei

Der Palacio Brunet *an Trinidads zentralem Platz wurde um 1740 gebaut und später um ein zweites Stockwerk erweitert. Das Haus, das für eine Provinzstadt ungewöhnlich groß ist, erinnert an die* palacios *in Havanna und ist charakteristisch für die Stadthäuser der reichen Pflanzer, die Zuckerplantagen im nahegelegenen Valle de los Ingenios besaßen.*

Nach seiner Restaurierung im Jahre 1996 wurde der im 18. Jahrhundert in Trinidad erbaute Palacio Cantero *mit Wandgemälden versehen; die Böden sind mit italienischem Marmor gefliest.*

Die am zentralen Innenhof gelegene Küche des Palacio Cantero *in Trinidad zeichnet sich durch ein ausgedehntes Herd- und Kaminsystem aus verputzter* mampostería *aus.*

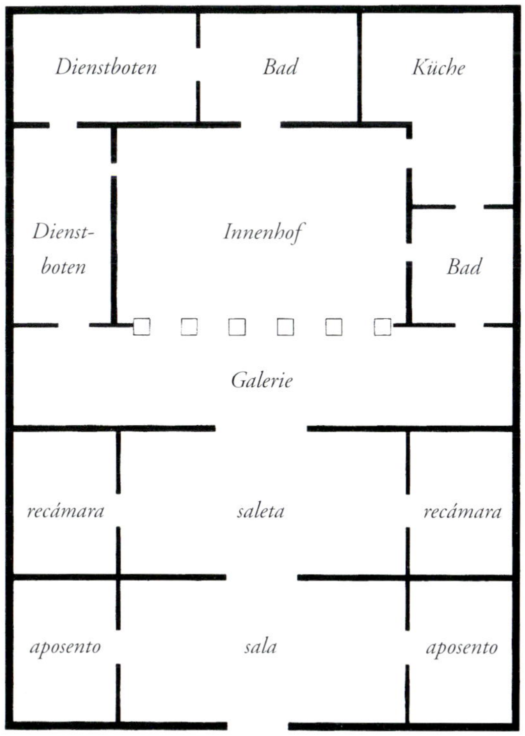

Spätkoloniales Haus

In einem kreolischen Palast des 18. Jahrhunderts (links), im Jahre 1846 umgebaut, fällt die extreme Deckenhöhe der sala *auf, die typisch für die einst wohlhabende Zuckerhauptstadt Sancti Spíritus war. Die Fassade des Hauses (unten) war auch damals blau gestrichen und hatte Fenster mit marmorierten Einfassungen in Trompe-l'œil-Manier.*

Der einfache eingeschossige Bau stellte den vorherrschenden Haustyp in den Provinzen dar und hatte meist gemeinsame Brandmauern mit den Nachbarhäusern (rechts). Eine bemerkenswerte Ausnahme war der freistehende zweigeschossige Palast der kreolischen Aristokratie in Havanna; hier als Beispiel die Casa del Conde de Casa Lombillo *(unten).*

Im 19. Jahrhundert war die Ornamentik der Deckenbalken oder tirantes, *die die von der Mudéjar-Tradition inspirierten* alfarje-*Decken auszeichnete, leichter und offener geworden (links), während die Proportionen des* portal *(unten) eine stärkere vertikale Betonung erhielten.*

Dieses Haus, das wahrscheinlich aus der Zeit um 1790 stammt, gehörte zu den letzten Barockpalästen, die in Havanna gebaut wurden; an der Eingangstür findet man Steinmetzarbeiten von vollendeter Eleganz. Die Gestaltung der verzierten Fensterstürze erinnert an den Palacio de los Capitanes Generales.

Ionische Pilaster machen dieses Haus, das Anfang des 19. Jahrhunderts für den Kaufmann Ricardo O'Farrill in Havanna gebaut wurde, zu einem der frühesten Beispiele für den Einfluß des Klassizismus.

Manuel José Carrerá, ein in Venezuela geborener Architekt, entwarf den Palacio de Domingo Aldama *im Jahre 1844. Es war damals das größte Haus in Havanna und besaß die ersten Wasserklosetts der Stadt.*

die beiden rückwärtigen *recámaras* in der „ländlichen Version" allerdings häufig als Büro und Lagerraum genutzt wurden. Der *palacete* der Plantagen lehnte sich an den einstöckigen *sala*-Grundriß an, der außerhalb von Havanna verbreitet war; das Haus hingegen stand im Unterschied zu den Stadthäusern immer frei, und der *portal*, zur breiten Veranda umfunktioniert, diente nicht nur der Verbesserung der Luftzirkulation, sondern schuf auch zusätzlichen Lebensraum.

Der klassizistische Stil trat zuerst in Havanna in Erscheinung, sowohl in großen Stadthäusern wie dem 1844 erbauten *Palacio de Domingo Aldama* (der einen mit dorischen Säulen versehenen klassizistischen *portal* mit einem eher herkömmlichen Grundriß und spätbarocken *mediopuntos* aus Buntglas verband) als auch in den freistehenden *quintas* (wörtlich: „ein Fünftel", womit wohl 1/5 Hektar gemeint war), die in den dreißiger und vierziger Jahren des 19. Jahrhunderts in Havannas Stadtbezirk El Cerro und in städtischen Randgebieten in ganz Kuba auftauchten. Im Stil kleiner römischer Villen gebaut, standen sie auf einem weitläufigen Parkgelände, ähnlich wie die französischen *cafetales*. Im Inneren gruppierten sich die luftigen, marmorgefliesten Räume, die, mit rundbogenförmigen *mediopuntos* verbunden, ineinander

Die Casa del Conde de Santovenia *mit ihrer klassizistischen Kolonnade (links) entstand um 1840 in El Cerro und galt als Inbegriff einer Sommerresidenz. Das abseits der Straße liegende Haus mit seiner langen Auffahrt war von formal gestalteten Gärten umgeben. Auch die* Villa Conchita *in Sancti Spíritus (unten) zeigt eine elegante Interpretation klassizistischer Elemente.*

Ein Mitte des 19. Jahrhunderts entstandener Palast in Sancti Spíritus (rechts) spiegelt die augenfällige Vorliebe für den aufkommenden Klassizismus und einen klaren Bruch mit dem spanischen Barock. Der 1879 von Eugenio Rayneri Sorrentino gebaute Palacio de la Marquesa de Villalba *(unten) sollte eigentlich einem italienischen Renaissancepalast nachempfunden werden, doch der Architekt konnte sich nicht von der Idee lösen, im Erdgeschoß ein* portal *zu errichten.*

Ein Wohnhaus aus dem 18. Jahrhundert in Trinidad erhielt Anfang des 19. Jahrhunderts einen neuen Säulengang; einfache Holzpfosten wurden mit hölzernen Voluten versehen, um so den Eindruck ionischer Säulen hervorzurufen.

übergingen, um einen offenen Hof herum. Draußen lief ein anmutiger Säulengang rund um das Haus, der den Eindruck von Eleganz verstärkte; der abgeflachte Dachfirst verbarg sich hinter einer umlaufenden Attika, die in regelmäßigen Abständen von klassizistischen Urnen gekrönt war.

Der klassizistische Einfluß hinterließ das ganze Jahrhundert hindurch seine Spuren. Ähnlich wie zuvor bei den Barockelementen wurde der klassizistische Stil gewöhnlich eher durch die willkürlich anmutende Verwendung bestimmter Einzelheiten – Säulen, ein Giebel hier, eine klassizistische Urne dort – aufgegriffen als aufgrund eines Gesamtverständnisses der strengen Regeln von Proportion und Komposition, die der antiken Klassik zugrunde lagen. Folglich präsentierte sich der Klassizismus selbst bei den hochentwickelten städtischen Monumenten eher als geschmackliche Variante denn als Anwendung akademischer Architekturprinzipien – ein Effekt, der durch die weitverbreitete Verfügbarkeit vorgefertigter Elemente, gußeiserner Säulen beispielsweise, noch verstärkt wurde.

Auch alte Gewohnheiten setzten sich fort. Ein klassizistisches Haus behielt oft denselben Grundriß bei, der schon in den letzten zweihundert oder dreihundert Jahren Anwendung gefunden hatte; doch jetzt standen vielleicht klassizistische Urnen auf dem Dach, während ein holzgeschnitztes Säulenkapitell den Schwung einer ionischen Säule aufnahm. Es war darüber hinaus üblich, Häuser aus der Frühkolonialzeit mit einer neuen, klassizistisch inspirierten Veranda zu versehen.

TECHNIK, MATERIAL UND DEKORATIVE TRADITION

Als die Plantagen sich ausbreiteten und kleinere Ortschaften fast über Nacht zu Städten anwuchsen, begann eine Art Bauboom, Kubas Gesicht zu verändern. Ziegeleien entstanden in großer Zahl; um 1830 gab es mehr als 700 in der Kolonie, davon über die Hälfte im Westteil der Insel. Noch auffälliger war die Verbreitung von Holzrahmenbauten auf der ganzen Insel. Dies galt insbesondere für kubanische Städte mit direkten Verbindungen zu Hafenstädten der nordamerikanischen Golfküste wie Galveston, Mobile und New Orleans, die die Insel mit großen Mengen Kiefernholz belieferten.

Die Tradition der Holzbauweise reicht bis in die frühen Tage Kubas zurück; doch fast der gesamte Bestand der einst ausgedehnten Wälder der Insel fiel den *ingenios* der Zuckerwirtschaft zum Opfer, da man weite Flächen roden mußte und das Holz auch zur Befeuerung der Öfen benötigte. Daß plötzlich wieder Holz verwendet wurde, hing mit den neuen Lieferungen aus den Vereinigten Staaten und der um 1870 eingeführten Leichtbauweise zusammen, bei der in Sägemühlen produziertes Bauholz sowie Nägel aus der Massenproduktion verarbeitet wurden. Es gab auch einen wachsenden Markt für in großen Mengen produzierte Zierlatten und Fertighäuser, die in Nordamerika hergestellt wurden. Beide konnten per Katalog bestellt werden, und die Lieferung erfolgte in numerierten Einzelteilen per Schiff auf die Insel, wo sie unter der Aufsicht eines einheimischen Handwerkers oder Ingenieurs montiert wurden.

Zierlatten aus dem Katalog, vielleicht aus den Vereinigten Staaten, schmücken ein Holzhaus aus dem 19. Jahrhundert in Varadero.

Holzhäuser auf Punta Gorda, einer Landzunge in Cienfuegos; sie wurden um die Jahrhundertwende an der Golfküste der Vereinigten Staaten vorgefertigt und dann per Schiff nach Kuba gebracht.

Der erste Bahnhof von Matanzas (rechts), um 1850 als Holzhaus mit Satteldach gebaut, dient heute als Wohnhaus. Das frühere Fischerdorf auf Cayo Smith (früher Cayo Granma), einer Insel in der Bucht von Santiago, war vor Jahren ein beliebter Urlaubsort.

Die zweistöckige Veranda, ob an einem Holzhaus auf der Isla de la Juventud (oben) oder im Hafen von Cienfuegos (links), könnte man ebensogut in der Karibik oder an der Golfküste der Vereinigten Staaten antreffen. In Kuba ist sie außer in den Küstenstädten selten zu finden.

Diese einfachen Fertighäuser, Holzrahmenkonstruktionen mit Holzverschalungen, waren in den *bateyes*, den Badeorten der Plantagen wie San Miguel de los Baños, und in nahezu allen Hafenstädten weit verbreitet, um bescheidenen Wohnraum zu schaffen. In seinem häufig zitierten Tagebuch erwähnte Freiherr von Humboldt, der im 19. Jahrhundert ausgedehnte Reisen unternahm, die Fülle von „leichten und eleganten" Holzhäusern um die Bucht von Havanna herum, von La Punta bis San Lázaro und von La Cabaña bis Regla – alle seien „aus den Vereinigten Staaten bestellt, so wie man Möbel bestellen würde".

Auch in großen Mengen produziertes Blech (häufig für *batey*-Dächer benutzt) und Gußeisen stellten wichtige Produkte für Kubas kommerzielle und ökonomische Entwicklung dar. Gußeisen wurde zuerst beim Bau von Eisenbahnen und *ingenios* verwendet und fand in Havanna, Matanzas und Cárdenas weite

Der Molokoff-*Markt in Cárdenas mit einer der wenigen noch existierenden Markthallen aus Gußeisen in Kuba; das Gebäude mit kreuzförmigem Grundriß und Kuppel wurde um die Jahrhundertwende erbaut und erstreckt sich über einen ganzen Häuserblock.*

Verbreitung bei der Errichtung von Lagerhäusern. Es galt bald als ein so wichtiges Material, daß es schon 1863 zum Gegenstand einer Untersuchung an der *Escuela Profesional* wurde. Belgische und amerikanische Hersteller, darunter James Bogardus, der 1849 in New York eine Fabrik für gußeiserne Balken und Säulen gründete, importierten das Material. Es gab aber auch kubanische Hersteller. Die Verwendung dieses vorgefertigten Materials aus stabilen, austauschbaren Teilen erwies sich beim Bau von Lagerhäusern und Industriegebäuden als äußerst ökonomisch. Zudem eignete es sich hervorragend für Großbauten wie öffentliche Markthallen und wurde auch für Wendeltreppen und schlanke Stützpfosten verwendet wie für die *guardacantones* (Eckwächter), die die Kutscheneinfahrten markierten. Verzierte schmiedeeiserne Fenstergitter begannen um die Jahrhundertwende auch die herkömmlichen *rejas* aus Holz zu ersetzen.

Die neue Verfügbarkeit von Materialien konnte dem kubanischen Hang zu Farbe und Verzierung mehr als gerecht werden. Der erstmalige Einsatz von *vitrales* aus Buntglas, ob als *mediopuntos* oder rechteckige *lucetas*, läßt sich bis ins letzte Drittel des 18. Jahrhunderts zurückverfolgen. Der bogenförmige Umriß des *mediopunto* paßte besonders gut zum klassizistischen Stil (obwohl die grellen Farben dazu im Widerspruch standen). Das Glas wurde zwar aus den Vereinigten Staaten und Spanien importiert, die Her-

Dekoratives Schmiedeeisen (links) und Gußeisen (unten) begann im 19. Jahrhundert die gedrechselten Holzelemente zu ersetzen.

stellung der holzgerahmten *vitrales* fand aber auf der Insel statt, und die Vorliebe für intensive Farben und Muster scheint dabei ein ureigenes kubanisches Phänomen zu sein.

Ursprünglich sollte das gefärbte Glas als Filter für das Sonnenlicht dienen, und die Fenster waren sowohl an den Fassaden öffentlicher als auch privater Gebäude sowie um die Innenhöfe herum zu finden. Halbhohe Doppeltüren, die sogenannten *mamparas*, repräsentierten ein weiteres Charakteristikum der kubanischen Häuser des 19. Jahrhunderts. Sie dienten als Raumteiler, ohne die Räume jedoch völlig abzugrenzen, und wiesen ebenfalls die typischen dekorativen Glaseinsätze mit Kristallschliffmustern

Die als mediopuntos *bezeichneten Oberlichter sollten die Räume, die auf den geschlossenen Innenhof hinausgingen, erhellen. Lamellentüren sorgten für eine gute Luftzirkulation.*

oder feiner Glasmalerei auf, oft auch klassizistische Blumenmuster.

Um die Jahrhundertwende wurden auch Zierkacheln zum augenfälligen Bestandteil des kubanischen Hauses. Die bunten Wandfliesen, die als *mosaico hidráulico* bekannt waren und von spanischen Herstellern wie Escofet Tejera y Cia. in Barcelona eingeführt worden waren, erfreuten sich allgemeiner Beliebtheit, wobei ihre farbenfrohen Muster überall in der Karibik kopiert wurden.[4] Das *Mosaico hidráulico* kam besonders in Zierleisten und Täfelungen zur Anwendung. Eine weitere Neuheit stellten die *azulejos* dar, vorwiegend aus Sevilla importierte emaillierte Keramikfliesen.

Zur Ausstattung der Lobby des Hotel Globo *in Pinar del Río gehören eine moderne Wandverkleidung aus Preßzinn, Keramikfliesen und ein gußeisernes Treppengeländer.*

Keramikfliesen mit maurisch inspirierten Mustern (oben) wurden von Tausenden spanischer Hersteller nach Kuba geliefert und zu komplizierten Wandornamenten verarbeitet. Die haltbareren Steinfliesen (rechts) wurden für Fußböden benutzt.

AUSDRUCK DURCH FARBE

Obwohl Fertigbauteile zunehmend eine Rolle spielten, blieb die dekorative Wandmalerei das wichtigste Ausdrucksmittel der spätkolonialen Epoche. Diese bemerkenswerte Kunst kennzeichnete eine einzigartige Entwicklung in Kuba. Sicherlich fanden sich auch in anderen Teilen Lateinamerikas Wandmalereien, doch waren sie dort fast ausschließlich auf die Innenräume der Kirchen beschränkt; lehrhafte Bildkompositionen veranschaulichten religiöse Themen, die die Missionslehren unterstreichen sollten.

In Kuba war die dekorative Malerei in religiösen, städtischen oder privaten Gebäuden weit verbreitet. Schon im 16. Jahrhundert schrieben die Neuen Westindischen Gesetze reiche, gesättigte Farben für Gebäudefassaden vor, sowohl um das Auge zu erquik-

Der Palacio Borrell *wurde für eine wohlhabende katalanische Familie gebaut, die sich in Trinidad niederließ und im Zuckergeschäft erfolgreich war. Die dekorativen Malereien in der* sala *wurden 1833 von einem italienischen Künstler aus Florenz ausgeführt, der noch einige andere Häuser in der Stadt ausmalte.*

Mit Hilfe von Wandmalereien versuchte man, den Eindruck einer Täfelung zu erzeugen: meist waren sie mit einer gemusterten Zierleiste oder cenefa *versehen (rechts). Tiere und Figuren aus der Mythologie zierten die ungewöhnlichen Wandgemälde im* Guachinango *(unten), einem Plantagenhaus im Valle de los Ingenios.*

ken als auch um das blendende Sonnenlicht abzumildern. In den folgenden Jahrhunderten hielt man daran fest, vielleicht weil die Farben, die aus Südamerika nach Spanien importiert wurden, billig und überall erhältlich waren. Auch die Steinfassaden der Barockkathedrale von Havanna aus dem 18. Jahrhundert und die Regierungsgebäude auf der *Plaza de Armas* aus der gleichen Epoche waren ursprünglich mehrfarbig bemalt.

Seit der zweiten Hälfte des 18. Jahrhunderts erfreute sich die Wandmalerei außerhalb von Havanna großer Beliebtheit, besonders in Städten wie Sancti Spíritus und Trinidad, wo die wohlhabende Schicht der Plantagenbesitzer den geschmacklichen Standard vorgab. Vorwiegend in den offiziellen *salas* verwendet, nahmen die *cenefas* (Abschlußbänder gemalter Wandtafeln) eine Vorrangstellung ein, wobei sie in Eck- oder Fensterbordüren wieder auftauchten. Zu den ersten Motiven gehörten einfache geometrische Formen in Erdtönen, doch im 19. Jahrhundert hatten sich diese Muster zu klassizistisch inspirierten Blumenmotiven in lasierenden Blau-, Rosé- und Grüntönen weiterentwickelt. Viele Entwürfe scheinen über die europäische Salonkultur nach Kuba gekommen zu sein und spiegeln wohl die damalige Begeisterung für die in Pompeji und anderen antiken römischen Städten entdeckten Wandmalereien wider.

Es ist nicht ganz klar, warum diese Kunst in Kuba so weit entwickelt war. Einer Theorie zufolge dienten die dekorativen Malereien als eine Art Wappen des kreolischen Adels, der seine Titel oft durch Kauf erwarb. In jedem Fall waren die kunstvollen Gemälde ein offenkundiger Ausdruck für Reichtum und Standeszugehörigkeit. Zumindest einige der Wandgemälde, die mit Mineralpigmenten auf nassen Putz aufgetragen wurden, waren das Werk professioneller europäischer Fresko-Künstler.

Kürzlich durchgeführte Restaurierungsarbeiten belegen, daß Wandmalereien auch an Gebäudefassaden häufig vorkamen. Abgesehen von der Verwendung kräftiger Farben wurde das Mauerwerk auch in Trompe-l'œil-Manier (*falso despiezo*) bearbeitet, wodurch die Illusion behauenen Steins entstand, oft in Blau- oder Gelbtönen mit aufgemalten Trompe-l'œil-Mörtelfugen. Darüber hinaus waren verschlungene Blumenmotive und Trompe-l'œil-Marmorierung verbreitet. Während der Unabhängigkeitsbewegung am Ende des 19. Jahrhunderts erhielt die Gebäudemalerei eine politische Bedeutung. Fassaden in rot und gelb (den Farben der königlichen Fahne) signalisierten die Gesinnung der spanischen Loyalisten. *Independistas* bemalten ihre Häuser in blau und weiß, den Hauptfarben der blau-weiß-roten kubanischen Flagge, die im Jahre 1902 endlich über der neuen Republik wehen sollte.

Sancti Spíritus war ein Zentrum der dekorativen Wandmalerei, die ab 1800 vornehmlich klassizistisch inspirierte Motive aufwies (ganz oben). Viele Häuser in der Stadt wurden mit falschem Mauerwerk in Trompe-l'œil-Manier bemalt, auch falso despiezo *genannt, und besaßen dekorative Gesimsbänder (oben).*

DIE REPUBLIKANISCHE ÄRA

1898–1959

Das klassizistisch inspirierte kubanische Capitolio, *das 1928 fertiggestellt wurde, erinnert in seiner Gestaltung an das amerikanische Kapitol und spiegelt den Geist der republikanischen Ära. Für die steinverkleidete Kuppel, die von einer Stahlkonstruktion getragen wird, war ursprünglich noch eine Verzierung mit stilisierten Palmblättern vorgesehen, die aber niemals ausgeführt wurde.*

Kubas republikanische Ära war ebenso kurz wie turbulent und galt als eine Zeit der schwierigen Balance zwischen Herausforderung, Veränderung, Versprechen und Enttäuschung. Ende der fünfziger Jahre war Havanna eine der aufregendsten und kosmopolitischsten, allerdings auch korruptesten Städte der Welt. Hinter der glitzernden Fassade der Hauptstadt verbargen sich steigende Inflation, immer größere Gegensätze innerhalb der Gesellschaft und eine zunehmende Desillusionierung, verursacht durch schwache Regierungen, die häufig auch in die eigene Tasche wirtschafteten. Das Ende kam mit dem Zusammenbruch des Regimes von Fulgencio Batista in der Silvesternacht 1958/59.

In Kuba begann das 20. Jahrhundert mit einem Wiederaufbau. Die Unabhängigkeitskämpfe hatten einen Trümmerhaufen hinterlassen: Die Zuckerwirtschaft war am Boden, und Hunderte von *ingenios* sowie Tausende von kleineren Landwirtschafts- und Viehzuchtbetrieben, Tabakplantagen und *cafetales* waren zerstört. Der spanisch-amerikanische Krieg markierte das Ende des Zerfalls einer Gesellschaftsordnung, die Kuba in den letzten drei Jahrhunderten geprägt hatte, und trieb die herrschenden Pflanzerfamilien, das kreolische Bürgertum, in den wirtschaftlichen Ruin. Aufgrund der Zerstörung von Lagerhäusern, Industrie- und Gleisanlagen mußten auch die meisten Mühlen schließen, und nur wenige wurden nach der Unabhängigkeit wieder in Betrieb genommen. Der Großteil der Plantagen war bereits mit immensen Hypotheken belastet, und diese hohen Schulden machten den meisten Pflanzern eine Neufinanzierung ihrer Betriebe unmöglich. (So überlebten beispielsweise in Pinar del Río nur 7 von 70 Mühlen.)[1]

Die ersten Jahre des 20. Jahrhunderts brachten eine Welle von Gastarbeitern von den Westindischen Inseln, den Vereinigten Staaten und Europa ins Land, darunter etwa 200.000 Spanier – eine Gruppe, die den kaufmännischen Sektor der Insel auch in Zukunft beherrschen sollte. Der spanisch-amerikanische Krieg hatte Tausende von Hungernden und Obdachlosen hinterlassen, doch schon wenige Jahre nach Kriegsende wurden Pläne für neue Schulen, Krankenhäuser, Bibliotheken sowie Programme für staatliche Bauvorhaben entworfen. Zu diesem Zweck richtete man im Jahre 1900 die neue *Escuela de Ingenieros, Electricistas y Arquitectos* zunächst provisorisch an der Universität von Havanna ein und brachte sie später in einem ehemaligen Kloster hinter der Plaza de Armas unter. 1931 wurde die erste größere Verbindungsstraße fertiggestellt, und wenige Jahre später nahm die erste Flugverkehrsgesellschaft ihren Dienst auf.

Während dieser Zeitspanne blieb die Wirtschaft Kubas auf die Zuckerindustrie beschränkt – ein Wirtschaftszweig, der allerdings starken Konjunkturschwankungen unterworfen war. Nach dem Bankrott der europäischen Rübenzucker-Industrie während des Ersten Weltkrieges gehörte Kuba wieder zu den weltgrößten Zuckerproduzenten. Aber kaum hatten die „fetten Kühe" sich beim berühmten „Tanz der Millionen" 1920 (als die Zuckerpreise nach dreimonatigem rapiden Anstieg mit 22,5 Cents pro Pfund einen noch nie dagewesenen Höhepunkt erreicht hatten) ihre Taschen mit Gold gefüllt, brach 1921 der Markt zusammen. Ein zweiter Börsenkrach erschütterte den Markt 1929, gefolgt von der Wirtschaftskrise und einem erneuten Aufschwung Mitte der dreißiger Jahre. Doch selbst in guten Zeiten floß der Löwenanteil der Profite direkt auf die Bankkonten ausländischer Investoren, darunter eine wachsende Zahl von Nordamerikanern und Spaniern, die Anteile an Plantagen, Raffinerien, Fabriken und Dienstleistungsbetrieben wie Eisenbahn- und Telefongesellschaften sowie Elektrizitätswerken hielten. Ausländer beherrschten auch die Bergbau-, Tabak- und Bankwirtschaft.[2]

Die Vereinigten Staaten, die schon immer ausgeprägte Sicherheitsinteressen in der Karibik verfolgten, sahen in Kuba auch einen möglicherweise gewinnträchtigen Handelsmarkt. Der nordamerikanische Einfluß auf Kuba verstärkte sich mit der vorläufigen Übergabe der spanischen Oberhoheit an die Regierung der Vereinigten Staaten gemäß dem Friedensvertrag von Paris, der 1898 nach Beendigung des spanisch-amerikanischen Krieges geschlossen wurde. Die US-Regierung überwachte die Machtübergabe, indem sie die Insel bis zum Jahre 1902 besetzte, als Kuba zur unabhängigen Republik erklärt wurde. In

Die kubanische Flagge, die im Jahre 1902 zum ersten Mal über der Insel wehte, hängt von einer Galerie in der Kathedrale von Santiago.

diesem Jahr zogen zwar die Truppen ab, aber durch das 1903 verabschiedete „Platt Amendment“, einen Zusatzartikel zur neuen kubanischen Verfassung [benannt nach dem Senator Platt, der den Vorschlag gemacht hatte; Anm. d. Übers.], sicherte sich Nordamerika das Recht auf Intervention in Kuba sowie die Einrichtung von festen Flottenstützpunkten auf der Insel und die Kontrolle über die Auslandsverschuldung.

Zu Beginn des 20. Jahrhunderts unterhielten mehrere Tausend Bürger der Vereinigten Staaten einen offiziellen Wohnsitz auf der Insel; im Gegenzug investierten Angehörige der kubanischen Oberschicht in Nordamerika, wo viele von ihnen auch ihre Ausbildung erhielten. Indem sie günstige Zolltarife gewährten, sicherten sich die Vereinigten Staaten eine weitgehende Kontrolle des kubanischen Zuckermarkts und zwangen Kuba in die wirtschaftliche Abhängigkeit.

Die Investitionen der USA in die kubanischen Zuckermühlen nahmen stetig zu; 1913 betrugen sie nahezu 200 Millionen Dollar. Als der „Tanz der Millionen“ seinen Höhepunkt erreicht hatte, waren zwischen 40 und 50 Prozent des kubanischen Zuckermarkts direkt oder über Joint Ventures in amerikanischer Hand (obwohl die Mühlen größtenteils in kubanischem Besitz waren). Am Ende des Zweiten Weltkriegs hatten die Vereinigten Staaten die gesamte Raffinerie-Industrie unter ihre Kontrolle gebracht. Im Jahre 1958 kamen etwa 80 Prozent der kubanischen Importgüter – meist über Havanna – aus den Vereinigten Staaten.

Eines der wichtigsten Ergebnisse der veränderten Wirtschaftsbeziehungen Kubas bestand in der Entwicklung einer neuen Mittelschicht. Die kreolische Aristokratie der Kolonialzeit war mit dem Bankrott der Zuckermühlen zwischen dem Zehnjährigen Krieg (1868-78) und dem letzten Unabhängigkeitskrieg mehr oder weniger verschwunden. In den fünfziger Jahren befand sich keine einzige Zuckerrohrplantage mehr im Besitz eines spanischen Konzessionärs.[3] Anstelle einer Pflanzeraristokratie stieg nun ein Großbürgertum aus wohlhabenden Geschäftsleuten und Händlern zur neuen Oberschicht auf. Diese einflußreiche Gesellschaftsschicht stellte die Verbindung zwischen internationalen Investoren und dem einheimischen kubanischen Rohstoffmarkt her, wobei sie sich einer wachsenden Mittelschicht von Büroangestellten bediente, die für die Entwicklung der Wirtschaft erforderlich war.

Die Import-Export-Wirtschaft, die steigende Einwohnerzahl und das neu entstandene Bürgertum machten deutlich, welche Distanz zwischen der Hauptstadt und dem Rest der Insel lag. Während Havanna zum Zentrum der kubanischen Wirtschaft wurde, ging es mit Städten wie Trinidad, die weit von der großen Verbindungsstraße entfernt lagen, bergab; Investment und Entwicklung machten einen großen Bogen um das ländliche Kuba. Staatliche Bauvorhaben waren größtenteils auf Havanna und einige andere Städte beschränkt, die als potentielle Magneten für ausländische Devisen galten. Im Vordergrund standen hier bedeutende öffentliche Bauten, während viele öffentliche Vorhaben und Straßensanierungsprojekte von der Spekulation profitierten, an der verschiedene staatliche Stellen beteiligt waren.

Spekulantentum und Tourismus gehörten in der Tat zu den grundlegenden Wirtschaftsfaktoren, die das vorrevolutionäre Kuba des 20. Jahrhunderts prägten. In der Anfangszeit der Republik erwarben nordamerikanische und kubanische Landentwicklungsgesellschaften ausgedehntes Grundeigentum (mit teilweise über 20.000 Morgen) und kauften brachliegende Plantagen, die im Krieg zerstört worden waren, den früheren Besitzern ab. Schon 1905 besaßen 13.000 Nordamerikaner Land in Kuba im Wert von über 50 Millionen Dollar; 60 Prozent der Agrarflächen waren in der Hand von nordamerikanischen Investoren oder Immobiliengesellschaften, weitere 15 Prozent befanden sich in spanischem Besitz, womit der Anteil kubanischer Eigentümer auf nur 25 Prozent schrumpfte.[4] Große Gebiete wurden erschlossen und neue Zuckermühlen gebaut. Diese sogenannten *centrales* umfaßten beträchtliche fabrikähnliche Produktionszentren, die statt im Herzen der Zuckerrohrfelder oft direkt an privaten Anlegestellen innerhalb eines Hafens lagen. Für die Verarbeitung der riesigen Mengen an Zuckerrohr benötigten die *centrales* mehr Land als die früheren *ingenios* und einen Hochseehafen.[5]

Am Ende des 19. Jahrhunderts hatten einige Städte damit begonnen, Vororte an den unerschlossenen Stadträndern zu gründen. Diese Entwicklung wurde nun weiterverfolgt, da Wohnraum für eine wachsende Mittelschicht benötigt wurde. Schon 1909 gab es in Santiago zwei Wohnungsbauprojekte, die einen deutlichen Bruch mit der kolonialen Struktur der Altstadt erkennen ließen. Das größte, Vista Alegre (Glückliche Aussicht), beinhaltete ein Schachbrettmuster aus netten, viereckigen Parzellen mit einem zentralen begrünten Boulevard. Wie in vielen kubanischen Vororten, der Bezirk Vedado in Havanna mit eingeschlossen, lebten hier Familien mit unterschiedlichen Einkommen aus der Mittelschicht bis oberen Mittelschicht.

Die ersten großen Profite mit Grundstücksspekulationen wurden zu Anfang des Ersten Weltkrieges beim „Tanz der Millionen" gemacht, was sich

Dem Beispiel amerikanischer Vorbilder folgend, war auch der 1909 entstandene Vorort Vista Alegre bei Santiago von einer Straße mit begrüntem Mittelstreifen durchzogen; zu beiden Seiten befinden sich freistehende Häuser auf großen Grundstücken.

Die Größe und Pracht von Häusern wie dem 1917 erbauten neomaurischen Palacio del Valle *in Cienfuegos spiegeln bewußt den Wohlstand der „fetten Kühe", der Pflanzer und Händler vor der Wirtschaftskrise.*

unübersehbar in den verschwenderisch ausgestatteten Einfamilienhäusern im historistischen, neoklassizistischen oder dem wiederentdeckten spanischen Kolonialstil zeigte, die in Vedado, Vista Alegre und anderen kubanischen Städten gebaut wurden. Zu dieser Zeit erhielten kubanische Architekturbüros wie Rafecas y Toñarely, Albarrán y Bibal, Mata y Sánchez, Moenck y Quintana, Eugenio Rayneri y Cía, Morales y Mata, Govantes y Cabarrocas, Eugenio y Ernesto Batista und Arellano y Mendoza prestigeträchtige private Aufträge. Zwischen 1920 und 1930 wurde eine begrenzte Anzahl von Projekten in Kuba an bekannte amerikanische Architekten vergeben, darunter Carrère und Hastings, McKim, Mead und White, Kenneth Murchison, Walker und Gillette und Schultze und Weaver, die verschiedene Gebäude in Havanna umgestalteten.

Aber die Mehrzahl der Wohnungsbauprojekte lag nicht in den Händen von Architekturbüros. Große private Baufirmen, darunter amerikanische Unternehmen wie Purdy und Henderson (die den Bau des kubanischen Kapitols leiteten), waren nun für viele Bauvorhaben vom ersten Spatenstich bis zur schlüsselfertigen Übergabe zuständig. Außerhalb der besseren Stadtviertel, wo mit Grundstücksspekulation weniger zu holen war, wurden die Bauarbeiten dem weniger gut bezahlten *maestro de obras* und dem Maurer überlassen, die ohne Vorgaben eines Architekten arbeiteten.

Einen zweiten Boom erlebte die Bauindustrie nach dem Zweiten Weltkrieg, als der Wohnungsmangel eine weitere Spekulationswut auslöste. Mittlerweile gab es eine Reihe von Stadtentwicklungsplänen für Havanna, die die Einrichtung neuer Stadtzentren vorsahen, und zwar dort, wo Landeigner (darunter zahlreiche Politiker) nur darauf warteten, durch den Verkauf von Baugrundstücken für öffentliche Gebäude und benachbarte Wohngebiete Millionengewinne einzustreichen. So machte zum Beispiel 1922 Enrique Montoulieu den Vorschlag, das Stadtzentrum in das unerschlossene Gebiet um die *Quinta de los Molinos* zu verlegen. Mit ähnlichen Absichten machten Land-

Jede der strahlenförmig angeordneten Nebenstraßen im Süden des Parque Central *in Havanna gewähren einen Blick auf das Kapitol, das bewußt so gebaut wurde, daß es überall in Havanna zu sehen ist.*

Spekulantentum führte in der ersten Hälfte des 20. Jahrhunderts zu einer dichten Bebauung von Havannas Stadtzentrum.

besitzer, die Anteile an den Küstenstrichen vor Havanna westlich des Almendares besaßen, ihren Einfluß geltend, indem sie Kubas Präsident Gerardo Machado überzeugten, einen Stadterweiterungsplan für die Hauptstadt in Auftrag zu geben. Im folgenden Jahr vertraglich besiegelt, war dieser Vorschlag der Auftakt für lukrative Geschäftsabschlüsse im Gewerbe- und Wohnungsbau sowie in der Tourismusbranche, wobei die Spekulation zum entscheidenden Faktor wurde. Illegale Grundstücksteilungen und die Nichteinhaltung von Baugesetzen übersah man dabei großzügig.

In der zweiten Hälfte der fünfziger Jahre flossen etwa drei Viertel der Investitionen des kubanischen Baugewerbes (über 430 Millionen Dollar) nach Havanna. Da das überfüllte Stadtzentrum der Bevölkerung nicht genug Wohnraum bot, entstanden Dutzende neuer Stadtviertel.

Eine entscheidende Hilfe boten dabei das 1952 erlassene Wohnungseigentumsgesetz (*Ley de Propriedad Horizontal*), das Investitionen in Wohnungsbauprojekte förderte, indem es den Investoren langfristige Kredite einräumte, und das 1954 erlassene *Ley de Fomentos de Hipotecas Aseguradas* (FHA). Dieses ermöglichte die Belastung eines Hauses mit Hypotheken und machte so den Bau von kleinen Einfamilien-Mietshäusern erschwinglich. Die Häuser mit ihren winzigen Grundstücken von vier Metern Breite und 30 Metern Tiefe waren so weit verbreitet, daß sie scherzhaft FHA-Häuser genannt wurden. Am Ende des Jahrzehnts waren fast drei Viertel aller Häuser in der Hauptstadt Mietshäuser.[6]

Daß sich bei diesem Wettlauf – die größtmögliche Anzahl von Gebäuden in der kürzestmöglichen Zeit hochzuziehen – die Bauqualität verschlechterte, liegt auf der Hand. Eine Ausnahme bildeten die besseren Stadtteile. Unter den exklusiveren neuen Vororten mit höherer Wohnqualität stachen die Bezirke im Westen von Havanna besonders hervor, wo die vornehmeren Viertel Miramar, Marianao und Country Club (heute Cubanacán) entstanden, die nach dem Bau von zwei Tunneln unter dem Almendares (1953 und 1959) eine Anbindung an die Innenstadt von Havanna erhielten. Country Club, der Sitz großzügiger Wohnhäuser und angesehener Privatclubs, mutet durch die parkähnliche Anlage der weitläufigen Grundstücke und kurvenreichen Alleen wie eine Gartenstadt an. Anders als in älteren Vierteln wie Vedado und Vista Alegre waren hier die Häuser unauffällig inmitten der natürlich gestalteten Landschaft plaziert; ihres Reichtums nunmehr sicher, hielten die wohlhabenden *Habaneros* es nicht länger für nötig, ihn nach außen hin zu demonstrieren, wie es in früheren Jahren des Aufschwungs der Fall gewesen war.

GENERALBEBAUUNGSPLÄNE

Zwar hatten verschiedene kubanische Führer und Präsidenten versucht, der Stadt Havanna ein neues Profil zu geben, doch kein Präsident hat sich so gern im Licht der Öffentlichkeit präsentiert wie Gerardo Machado (1925-33) und Fulgencio Batista (1940-44; 1952-58). Beide zeichneten für die Durchführung der zwei wichtigsten städtischen Generalbebauungspläne jener Zeit verantwortlich: Jean-Claude Nicolas Forestiers Entwurf im Beaux-Arts-Stil von 1926 sowie ein moderner Entwurf von José Luis Sert (1958).[7]

Machados Projekte schlossen zwar auch Regierungsgebäude für einige Provinzstädte, das Modellgefängnis auf der Isla de Pinos (heute Isla de la Juventud) und die große Verbindungsstraße mit ein, aber seine hochfliegenden Pläne konzentrierten sich größtenteils auf die Hauptstadt, die mit Hilfe des ehrgeizigsten und umfassendsten Bebauungsplans umgestaltet werden sollte, den es seit Kolonialgouverneur Miguel Tacón in den dreißiger Jahren des vorigen Jahrhunderts gegeben hatte.

Machado und sein Minister für staatliche Bauvorhaben, Carlos Miguel de Céspedes, stellten sich Havanna als moderne Modellstadt vor, die mit jeder anderen Großstadt in Europa oder den Vereinigten Staaten konkurrieren konnte. Ihr Stadtbebauungsplan umfaßte sowohl das Hauptpostgebäude und einen akropolisartigen Komplex für die Universität von Havanna als auch ein reichverziertes neoklassizistisches Kongreßgebäude, Luxushotels für den Bezirk Vedado und Forestiers Stadtverschönerungsplan. Das Budget betrug 50 Millionen Dollar und sollte durch neue Benzin-, Grundstücks- und Luxussteuern sowie durch Pfandbriefe finanziert werden, die von der Chase Manhattan Bank in New York ausgestellt wurden.

Forestier war ein international bekannter Landschaftsgestalter; er hatte als Kurator der Parks in Paris gearbeitet, hatte Gärten in Marokko und Spanien gestaltet und im Jahre 1924 eine Parkanlage für Buenos Aires geschaffen. Bei der Planung für Havanna leitete er ein interdisziplinäres Team, darunter fünf junge Absolventen der École des Beaux Arts. Neben verschiedenen Architekten und Ingenieuren wie Emilio Vasconcelos, I. I. del Alamo, Raúl Otero und Raúl Hermida gehörten auch die Künstler Manuel Vega und Diego Guevara zu der Gruppe. Forestiers Entwurfsvorschläge für Havanna griffen viele Ideen eines umfassenden einwohnerfreundlichen Stadtverschönerungsprogramms auf, das bereits von dem kubanischen Architekten Pedro Martínez Inclán ausgearbeitet worden war, der sich für Kunst im öffentlichen Raum und für Parks und Freiflächen zur Verbesserung des städtischen Lebensgefühls aller Be-

Das Modellgefängnis auf der Isla de la Juventud (rechts und unten) wurde Anfang der dreißiger Jahre unter Präsident Gerardo Machado gebaut. Der Rundbau mit ringförmig angeordneten Zellen basierte auf dem Entwurf eines Gefängnisses in Joliet, Illinois.

völkerungsschichten einsetzte. Als verspätete Manifestation der Initiative „Schöne Stadt" bezog Forestiers Plan auch den sozialen, landschaftlichen, konkreten *und* historischen Kontext Havannas mit ein. Der Entwurf sah vor, den Kolonialbezirk zu erhalten und ein neues Hauptstadtzentrum zu schaffen, das er als gigantischen Park visualisierte. Baumgesäumte Straßen, begrünte Promenaden und Blumenbeete, dazwischen öffentliche Gebäude und ein Wechselspiel von offenen und geschlossenen Plätzen sollten das Gesicht der Stadt bestimmen. Das Herzstück des Plans bildeten zwei breite, gerade Boulevards, die sich in Ost-West- und Nord-Süd-Richtung kreuzten. Diese sollten einen neuen Schiffahrts- und Eisenbahnknotenpunkt am Hafen mit dem Osten und einen zukünftigen botanischen Garten mit dem Süden verbinden, mit einer zentral gelegenen Plaza Cívica südlich von Vedado, in der Nähe der *Quinta de Los Molinos* und der Universität. Hier sollte ein Komplex, in den monumentale Kultur- und Regierungsgebäude wie z. B. ein Flora-Museum, ein Fauna-Museum und ein Landwirtschaftsministerium (als Symbole für Kubas Naturschönheiten) eingebunden waren, einen der Hügellage angepaßten terrassenförmig angelegten Platz umrahmen, von dessen Zentrum mehrere Straßen strahlenförmig ausgingen, in Anlehnung an Baron Georges-Eugène Haussmanns Entwurf für Paris.

Die Wirtschaftskrise von 1929 und Machados Entmachtung vier Jahre später brachten die Ausführung dieser Pläne ins Stocken. Zu den fertiggestellten Projekten gehörte die klassizistisch inspirierte mehrgeschossige Treppe der Universität von Havanna (1927), symbolisch als Tor zu dieser Institution der höheren Bildung konzipiert, die 1905 an ihrem jetzigen Standort oberhalb von Havannas Stadtmitte wiedererrichtet worden war. Weiterhin beendete Forestier den Bau einer monumentalen Esplanade für das Kongreßgebäude und gestaltete den *Paseo del Prado* aus dem 19. Jahrhundert um: Eine Doppelreihe von Lorbeerbäumen säumte eine erhöhte Fußgängerpromenade auf dem Mittelstreifen des Boulevards. Diese majestätische Straße, die beidseitig von großen Kolonnadenhäusern flankiert wurde, bildete eine wichtige Nord-Süd-Achse, die vom *Parque Central* (Standort von Hotels und Clubs der Jahrhundertwende und des Kongreßgebäudes am Südende) zum *Malecón* verlief. So bot sich ein Blick wie durch einen Tunnel auf das *Castillo del Morro* in der Bucht gegenüber, eines der bekanntesten Symbole für Havannas Kolonialgeschichte. Zu Forestiers Werk gehörte ebenfalls der Ausbau des *Malecón*, der Küstenstraße und Promenade, die 1901 unter der Leitung des amerikanischen Generals Leonard Woods (1899-1902) entstanden war und vom Nordende des *Paseo del*

Eines der wenigen tatsächlich realisierten Bestandteile des 1926 von Nicolas Forestier erstellten Generalbebauungsplans für Havanna war der Paseo del Prado, *den Forestier zusammen mit dem kubanischen Architekten Raúl Otero entworfen hatte. Der axial verlaufende Boulevard war mit Lorbeerbäumen bepflanzt, die eine Promenade mit Bänken aus Korallenfels beschatteten.*

1927 arbeiteten Jean-Claude Nicolas Forestier, Raúl Otero und César Guerra gemeinsam an dem 87stufigen Aufgang der Universität von Havanna (oben); die Seitentreppen sind bewußt anders angelegt. Die Küstenstraße Malecón schlängelt sich an der Bucht entlang nach Vedado (rechts), wo heute das Hotel Nacional *(Entwurf von McKim, Mead und White) das Straßenbild dominiert.*

Prado nach Lealtad führte. Die Straße, die von schönen Grünanlagen gesäumt wurde und abwechslungsreiche Ausblicke bot, wurde in westlicher (bis zum Almendares) und in südöstlicher Richtung vom *Castillo de San Salvador de la Punta* an der neugebauten *Avenida del Puerto* entlang erweitert. Diese beeindruckende Uferstraße stellte den Höhepunkt in Forestiers Vision einer kosmopolitischen Hauptstadt dar.[8]

Forestiers *Plaza Cívica* wurde nicht realisiert, aber die Idee griff später Fulgencio Batista in Zusammenarbeit mit seinem Minister für staatliche Bauvorhaben, Nicolas Arroyo, wieder auf. Eine von Batistas Hinterlassenschaften für die Stadt war die *Plaza de la República* (die heutige *Plaza de la Revolución*), die auf Forestier zurückgeht, der sich an zwei aufeinanderfolgenden Wettbewerben, 1919 und 1940, während Batistas erster Amtszeit, beteiligt hatte. Als die Plaza 1959 in Batistas zweiter Regierungsperiode fertiggestellt war, vereinte sie Elemente aus den verschiedenen Entwürfen. Die *Plaza de la República* nahm in etwa den von Forestier vorgeschlagenen Standort in der Nähe der *Quinta de los Molinos* ein und folgte dem Konzept eines breiten, offenen Platzes, der von öffentlichen Gebäuden eingerahmt wurde. Doch anstelle der Museen standen hier nun der Justizpalast, die Nationalbibliothek und das moderne Finanzamt (*Tribunal de Cuentas*). Im Zentrum der trapezförmigen Plaza, die fast einen Kilometer lang war, stand das Denkmal José Martís mit einem sternförmigen Sockel und einer Skulptur, die eine Kombination von Elementen aus zwei früheren Ausschreibungen darstellt.

Das überaus verspielt gestaltete Colony Hotel *stammt aus den fünfziger Jahren, als man bemüht war, ausländische Touristen auf die Isla de Pinos (die heutige Isla de la Juventud) zu locken, auf der sich schon vorher zahlreiche Amerikaner niedergelassen hatten. Die Hotelgestaltung jener Zeit war durchweg amerikanischen Vorbildern nachempfunden.*

COLONY

1955 rief Batista eine staatliche Planungskommission (*Junta Nacional de Planificación*) ins Leben. Die Gruppe sollte einen Plan zur Förderung des Tourismus ausarbeiten, der Havanna als Eckpunkt eines karibischen Dreiecks mit Miami und der Halbinsel Yucatan vorsah sowie den Ausbau des Bezirks Vedado, der Fischerstadt Varadero, der Isla de Pinos und der Kolonialstadt Trinidad zum Ziel hatte. Diese Kommission gab 1958 auch den Sert-Plan in Auftrag. Wie beim Entwurf von Forestier handelte es sich auch hier um eine Teamarbeit, an der der kubanische Architekt Mario Romañach und andere führende Vertreter der Moderne wie Paul Lester Wiener und Paul Schultz beteiligt waren. Obwohl dieser auf den Tou-

Das Hotel Capri *in Havanna ist ein typisches Beispiel für die Bettenburgen, die Fulgencio Batistas Plan zur Förderung des Tourismus hervorbrachte. Zu dem Gebäude gehörten auch ein Spielcasino und ein Swimmingpool auf dem Dach.*

rismus ausgerichtete Plan niemals realisiert wurde, ist er dennoch wichtig aufgrund seiner Auseinandersetzung mit Le Corbusier, dessen Einfluß in dem von Grüngürteln durchzogenen, verzweigten Straßennetz mit einer Reihe von Havanna-„Superblocks" zum Ausdruck kommt.

In vollständiger Mißachtung des historischen Stadtzentrums sah der Entwurf den Abbruch der Erdgeschoßfassaden der Kolonialgebäude von Alt-Havanna vor, um Platz für überdachte Fußwege zu schaffen. Der Plan ignorierte die Topographie der Innenstadt und der Außenbezirke; in marktschreierischer Weise wurde der Tourismus in den Vordergrund gestellt. Eine in der Bucht am Malecón vorgesehene künstliche „Vergnügungsinsel" kam zwar nie zustande, aber Batista entwickelte mit Erfolg Touristenzentren in Varadero und im Stadtteil Vedado, wo moderne Wolkenkratzer-Hotels der Skyline von Miami Beach Konkurrenz machen.

STÄDTISCHE GEBÄUDE

Weil die republikanische Epoche nach 400 Jahren Kolonialzeit die erste Phase der Selbstverwaltung darstellte, muß es nicht verwundern, daß während dieser Zeit eine Reihe von staatlichen Monumentalbauten errichtet wurde. Die baulichen Aktivitäten konzentrierten sich hauptsächlich auf Havanna, aber auch im Landesinneren wurden viele staatliche, kulturelle und soziale Projekte durchgeführt.

Aufgrund ihrer zentralen Lage an den wichtigsten Plätzen gehörten die öffentlichen Gebäude natürlich zu den markantesten Bauten der Stadt und spiegelten stolz die ganze Bandbreite der in jener Ära beliebten Stilarten. In den ersten Dekaden des Jahrhunderts behielten die neoklassizistischen Richtlinien – die eng mit staatsbürgerlichem Stolz und der Hochachtung vor den alten Republiken verknüpft waren – einen starken Einfluß auf solche öffentlichen Gebäude. Das war teilweise der Beaux-Arts-Tradition zuzuschreiben, auf die die amerikanischen Architekturbüros, über deren Arbeit aktuelle Zeitschriften ausführlich berichteten, beim Bau von städtischen Gebäuden bevorzugt zurückgriffen. Während der beiden Okkupationsperioden am Anfang des Jahrhunderts lehnte man sich stilistisch eng an die amerikanischen Modelle an, zuerst unter General Leonard Woods, später unter dem Direktor für Stadtplanung, der ebenfalls amerikanischer Herkunft war. Diese Tradition setzte sich bis zum Zweiten Weltkrieg fort. Die Stadthalle von Santiago, heute der *Poder Popular Municipal* der gesamten Provinz, mit Tempelfassade und Tympanon ausgestattet, und das *Museo Emilio Bacardí* (ein dem Parthenon nachempfundenes Gebäude mit historistischen Schnörkeln) in derselben Stadt sind typische Bauten jener Zeit.

Das Paradebeispiel der monumentalen neoklassizistischen Bauweise aber war das *Capitolio*. Nach einer Reihe von Bemühungen, die alle im Sande ver-

Die imposante Feuerwache von Matanzas, im Jahre 1900 fertiggestellt, gehörte zu den ersten städtischen Gebäuden der neuen Republik und steht an exponierter Stelle auf der alten Plaza der Stadt.

Das 1899 erbaute Museo Bacardí *und ein städtisches Gebäude, das jetzt als* Poder Popular Municipal *dient, bilden mit ihren imposanten klassizistischen Fassaden einen reizvollen Blickfang an einer Straßenkreuzung in Santiago.*

laufen waren, wurde 1912 unter Präsident Mario Menocal schließlich mit dem Bau des kubanischen Nationalkongreßgebäudes auf dem Gelände eines schon teilweise fertiggestellten Präsidentenpalais begonnen. Viele Architekten, darunter Félix Cabarrocas, Mario Romañach, Eugenio Rayneri, Heitzler und Leveau (von der Forestier-Gruppe) und Louis Betancourt kamen und gingen während der nächsten Jahre. Der Umbau des Gebäudes – nachdem der erste Kuppelbau, Teil des nie vollendeten Präsidentenpalais, mit Dynamit gesprengt worden war – erfolgte schließlich im Jahre 1928 während Machados Regierungszeit. Der kolossale, symmetrisch angelegte Bau mit einer Gesamtlänge von 211 Metern erwies sich trotz seiner vielfältigen Stilmerkmale als überraschend einheitlich und war ein großartiges Beispiel für die neoklassizistische Formensprache. Umlaufende Kolonnaden mit dorischen Säulen gliedern die Steinfassade, die an jedem Gebäudeende von halbkreisförmigen Pavillons abgeschlossen wird. In der Mitte führt eine mehrgeschossige Treppe auf die 36 Meter breite, mit Doppelreihen ionischer Säulen versehene Eingangshalle zu. Direkt darüber erhebt sich die steinverkleidete Stahlrahmenkonstruktion der Kuppel (hergestellt in den Vereinigten Staaten) auf einer Trommel, die von einem korinthischen Peristyl umgeben ist. Statt in der Mitte des Gebäudes ruht die Kuppel im vorderen Bereich über der Eingangshalle. Sie beherbergt im Untergeschoß eine Reihe von beeindruckenden öffentlichen Räumen, darunter zwei große Innenhöfe, eine Bibliothek, den *Salón Martí* und den *Salón de los Pasos Perdidos*, und ist mit Marmorböden, vergoldeten Kassettendecken sowie mit einem Standbild, einer Allegorie der Republik, des italienischen Bildhauers Angelo Zanelli[9] ausgestattet.

Rayneri selbst erklärte, daß der Entwurf der Kuppel dem Pariser Pantheon nachempfunden sei. Abgesehen von dieser Anlehnung an das französische Vorbild erinnert die Komposition des Gebäudes als

An die 5.000 Zeichnungen wurden für den Entwurf des kubanischen Kapitols benötigt, dessen Bau sich über einen Zeitraum von 16 Jahren erstreckte. Vor dem Eingang befindet sich ein großer Platz, der nur spärlich bepflanzt ist, damit nichts von seinem formalen Charakter ablenkt.

Das Hauptgeschoß des Capitolio *war mit zwei langen Seitengalerien ausgestattet, die von einer zentralen Eingangshalle abgingen. Die in den Boden eingelassene Kompaßrose markiert die Lage der Kuppel. Wie es heißt, wurden 25 Prozent der 50 Millionen Dollar von Machados Staatshaushalt in dieses Gebäude mit seinen prächtigen Marmorverzierungen investiert.*

Ganzes an das Kapitol in Washington, das wiederum auf die vielen Kapitolgebäude zurückgeht, deren Vorbild das 1903 von McKim, Mead und White erbauten Rhode Island State Capitol in Providence ist. Zur Zeit seiner Fertigstellung wurde das Gebäude von Antiimperialisten wegen seiner französischen und amerikanischen Einflüsse scharf kritisiert. Nichtsdestoweniger zählte der Bau später zu den bekanntesten Wahrzeichen Kubas und dominiert noch heute das Stadtbild von Havanna.[10]

Ein weiteres herausragendes städtisches Baudenkmal Havannas aus der gleichen Zeit stellte das 1920 erbaute Präsidentenpalais (das heutige Museum der Revolution) dar, von Paul Belau und Carlos Maturi für ein neu erschlossenes Gelände in der Nähe des Malecón entworfen. Es gehört noch heute zu den

Mit seinem kuppelgekrönten grandiosen Treppenaufgang spiegelt das Innere des Präsidentenpalais die große Tradition eines klassizistischen städtischen Gebäudes wider.

Ganz im Gegensatz zu seiner klassizistisch gehaltenen Innenausstattung weist das 1920 von Paul Belau und Carlos Maruri konzipierte Präsidentenpalais eine historistische Fassade mit Einflüssen des wiederauflebenden spanischen Kolonialstils auf. Eine sich über fünf Blocks erstreckende Promenade führt von der Statue des Máximo Gómez auf dem Malecón auf das Gebäude zu.

bekanntesten historistischen Gebäuden in Havanna. Trotz der zweigeschossigen Bogenfenster und dorischen Säulen der Fassade des Hauptflügels werden die vagen Anspielungen auf die Klassik von starken spanisch-kolonialen Akzenten an den *portales* im Erdgeschoß und den verzierten Türmen überdeckt, die an die spanische Barockkirchenarchitektur erinnern. Die Innenausstattung wurde von der renommierten New Yorker Firma Louis Comfort Tiffany übernommen.

In den vierziger und fünfziger Jahren spiegelten die öffentlichen Gebäude Kubas den wachsenden Einfluß der Moderne. Der Justizpalast (1952) in Santiago beispielsweise wurde als viergeschossiges Gebäude mit viereckigem Grundriß konzipiert, dem die üppige Ornamentik seiner Vorgänger fehlte – obwohl die Stützpfeiler der Gebäudefront entfernt an Säulen erinnern. Der im selben Jahr nach einem Entwurf von Aquiles Capablanca für Batistas *Plaza de la República* begonnene Bau des *Tribunal de Cuentas* (das heutige Innenministerium) galt nach der Fertigstellung als gelungenes Beispiel für ein modernes Gebäude in der Tradition von Le Corbusier und Walter Gropius. Obwohl der nüchterne Kalksteinbau keinerlei Anklänge an Vergangenes vorweist, verdient er dennoch Beachtung, da er die zeitgenössische Bildhauerkunst und Tonmosaiken kubanischer Künstler mit einbezieht, ein Ausdruck des Interesses der kubanischen Avantgarde, der einheimischen Handwerkskunst einen gebührenden Platz einzuräumen.

Die Fassade des Palacio de Justicia *in Santiago im späten Art-déco-Stil (links) interpretiert den traditionellen klassizistischen Portikus mit dem Vokabular der Moderne. In Santiago entstanden viele Gebäude im Art-déco-Stil, nachdem ein Erdbeben die Stadt in den dreißiger Jahren zerstört hatte. Das Innenministerium in Havanna (unten), 1953 von Aquiles Capablanca gebaut, zeigt den Einfluß von Le Corbusier, huldigt aber auch der kubanischen Tradition durch die Verwendung von Korallenfels für die Wandverkleidung. Die Fassadenskulptur, die nach der Revolution hinzugefügt wurde, zeigt Che Guevara.*

Das Denkmal für José Martí auf der Plaza de la Revolución *in Havanna wurde zwischen 1938 und 1952 fertiggestellt. Der 137 Meter hohe Obelisk läßt die eher traditionell gehaltene Statue des kubanischen Unabhängigkeitsführers klein erscheinen.*

Havannas Teatro Nacional, *1958 von der Firma Arroyo y Menéndez entworfen, war eines der letzten städtischen Gebäude Kubas, die vor der Revolution fertiggestellt wurden.*

KIRCHENARCHITEKTUR

Die republikanische Epoche brachte eine dramatische Wende für die Rolle der Kirche in Kuba. Der Kampf um Unabhängigkeit hatte die Gräben zwischen der katholischen Kirche, die die spanische Position vertrat, und den Freimaurern, die eine starke Unterstützung durch die Nationalisten erfuhren, vertieft. Die Ethik des Freimaurertums stellte die Möglichkeit in Aussicht, auch ohne religiöse Vermittlung zu einer moralischen Wahrheitsfindung zu gelangen, und problematisierte offen die Rolle der Kirche. Die meisten Unabhängigkeitsführer (einschließlich José Martí) waren Freimaurer, und im ganzen Land hatten Freimaurerlogen als Zentren antikolonialistischer Aktivität gedient. Die Unabhängigkeit markierte somit einen Sieg der Freimaurer-Doktrin. Einer der Grundsätze der kubanischen Verfassung von 1901 war die Trennung von Kirche und Staat, womit der Kirche die staatliche Unterstützung und die damit verbundenen Steuereinnahmen entzogen werden sollten. Der Religionsunterricht wurde aus den öffentlichen Schulen verbannt, und staatliche Unterstützungen für die Kirchen entfielen. Diese Situation bereitete den Boden für den Protestantismus, der hauptsächlich aus den Vereinigten Staaten nach Kuba kam und eine politisch neutrale Position einnahm.

Der Katholizismus blieb nichtsdestoweniger die Hauptreligion in Kuba, zumindest was die Oberschicht und die konservative Presse anbetraf. Aber angesichts der schwierigen finanziellen Situation der Kirche und des antikatholischen politischen Klimas spielte der Bau neuer Kirchengebäude in der republikanischen Ära keine so große Rolle wie in der Kolonialzeit. Seit der ersten amerikanischen Besatzung war die Episkopalkirche in Kuba zunehmend stärker präsent, und neue Aufträge von protestantischer Seite spiegelten das kubanisch-amerikanische Verhältnis. Im Jahre 1905 erhielt Bertram Goodhue, der erste bekannte amerikanische Architekt, der ein Gebäude in Kuba konzipiert hatte, den Auftrag, eine Bischofskathedrale in Havanna zu bauen. Den Auftrag hatte er vermutlich seinem Freund James Gillespie zu verdanken, einem Amerikaner, der ein Haus auf der Insel besaß; Goodhue hatte für Gillespie einige Jahre zuvor ein Haus in Kalifornien entworfen.[11]

In seiner Heimat war Bertram Goodhue bereits ein anerkannter Kirchenbauer, und seine Pavillons für die kalifornisch-pazifische Ausstellung 1916 in San Diego sollten die spanische Kolonialarchitektur in den nächsten beiden Jahrzehnten wieder aufleben lassen. Sein Entwurf für die Kathedrale *Santísima Trinidad Episcopal* in Havanna (existiert heute nicht mehr) gehörte zu den frühesten Beispielen dieses Stils auf der Insel, und der kunstvoll im Churrigueras-Stil gestaltete Eingangsbereich setzte sich in späteren Bauwerken fort, auch in nichtkirchlichen Bauten wie dem kubanischen Telefongebäude (1927, Morales y Cía.) in Havanna.

Die Kathedrale von Santiago ist die vierte, die an dieser Stelle gebaut wurde. Das Gebäude war 1852 von einem Erdbeben zerstört und 1922 mit einer neoklassizistischen Fassade wiederaufgebaut worden. Es steht am Parque Céspedes, *der wichtigsten Plaza der Stadt.*

Bis weit in dieses Jahrhundert hinein basierten katholische Kirchenneubauten auf dem wiederauflebenden spanischen Kolonialstil; dies zeigt sich in *La Iglesia de Nuestra Señora del Carmen* (1927), nach einem Entwurf von Félix Cabarrocas in Havanna erbaut, und in der Basilika *Virgen de la Caridad del Cobre* bei Santiago, der Weihestätte des Schutzheiligen der Insel.

Nach dem Zweiten Weltkrieg gaben protestantische und katholische Gemeinden in den Vororten der Mittelschicht und der oberen Mittelschicht neue Bauten in den aktuellen Stilrichtungen in Auftrag. *La Iglesia de San Antonio de Padua* und *La Iglesia de Jesus*, beide in Havannas Stadtteil Miramar gelegen, stellen zeitgemäße moderne Entwürfe der fünfziger Jahre dar.

Die Kirche Santo Angel Custodio *in Havanna wurde 1844 von einem Hurrikan weitgehend zerstört; die gotischen Spitztürme wurden beim Wiederaufbau der Kirche zwischen 1866 und 1871 hinzugefügt.*

Der Bau der Kirche La Merced *in Havanna wurde 1755 begonnen; allerdings geht die gesamte heutige Inneneinrichtung einschließlich der romantischen Kuppelgemälde auf einen Umbau im Jahre 1904 zurück und reflektiert die Empfindsamkeit der frühen republikanischen Ära.*

Die Basilika in El Cobre im wiederauflebenden spanischen Kolonialstil wurde 1927 gebaut, um den Schrein der Virgen de la Caridad, der Schutzheiligen der Sierra Maestra, aufzunehmen. Die dreigeteilte Fassade und die Türme erinnern an Kubas spanische Barockkirchen des 18. Jahrhunderts.

Die 1951 erbaute Kirche San Antonio de Padua *(oben und rechts) von Eloy Norman und Salvador Figueras steht in Havannas Vorort Miramar, der nach dem Zweiten Weltkrieg entstanden ist. Die langgezogenen Bogen der modernen Fassade könnten als entfernte Referenzen an das kubanische* portal *verstanden werden.*

SCHULEN UND KRANKENHÄUSER

In den frühen Jahren der neuen Republik gehörten die Bildungs- und die Gesundheitsreform zu den Hauptanliegen des modernen Kuba. Die neue Verfassung garantierte erstmalig ein kostenloses und obligatorisches staatliches Schulsystem. Um die 3.000 öffentliche Schulen wurden unter der provisorischen US-Regierung eingerichtet; die meisten davon in bereits existierenden Gebäuden, die übers Land verstreut lagen und während des Krieges leer gestanden hatten. In den meisten Städten wurden auch Privatschulen von privaten Geldgebern gegründet; katholische Schulen waren ebenfalls weit verbreitet. Die meisten der neuen Schulen auf dem Land waren in bescheidenen Bungalows untergebracht, in den größeren Städten entstanden jedoch stattliche Gebäude. Ein bemerkenswertes Beispiel dafür ist das *Instituto de Enseñanza Superior* in Havanna. Dieses eindrucksvolle Bauwerk, inmitten eines Stadtentwicklungsgebiets in der Nähe der zerstörten Stadtmauern gelegen, ist mit einer Säulenfassade ausgestattet; es wurde 1918 von Benjamín de le Vega auf Anweisung von José Ramón Villalón, Minister für staatliche Bauvorhaben unter Präsident Mario Menecal, entworfen.[12]

Abgesehen von der Universität von Oriente in Santiago befand sich das Zentrum der höheren Bildung in Havanna. Dort wurde in den vierziger Jahren die katholische Universität von Villanueva als Alternative zu der staatlichen – und populäreren – Universität von Havanna gegründet. Die Universität von Havanna wurde als erste in der spanisch-karibischen Region als Einheit konzipiert, und die strenge axiale Anordnung von langgezogenen Gebäuden, typisch für den Beaux-Arts-Stil der Jahrhundertwende, dürfte sich teilweise an Charles McKims Entwurf von 1894 für den Campus der Columbia University in New York anlehnen.[13] Ihre Lage auf einem felsigen Gebirgsvorsprung mit einer spektakulären Aussicht auf Havannas Stadtmitte und Altstadt sowie die Bucht dahinter symbolisiert das klassische Konzept der Erhabenheit der Kultur über die Gesellschaft. Am Entwurf wie am Bau der Universität (1905-40) war ein Team bekannter kubanischer Architekten beteiligt, unter anderem Enrique Martínez, Benjamín de la Vega, Joaquín Weiss y Sánchez, José Cárdenas und Pedro Martínez Inclán.

Das kubanische Gesundheitssystem dieser Zeit umfaßte große Krankenhäuser, die sich in der Hauptstadt konzentrierten, sowie ein Netzwerk von *clínicas mutualistas*, die ärztliche Leistungen zu vernünftigen Preisen anboten. Die Krankenhäuser und Polikliniken des frühen 19. Jahrhunderts bestanden oft aus freistehenden Pavillons, ein Prinzip, das auf das Stadtkrankenhaus von Havanna zurückgeht, das 1886 nach englischen und amerikanischen Vorbildern umgebaut worden war. Die Krankenhausgebäude waren um offene Plätze herum gruppiert, und ein kunstvolles Eingangsportal ersetzte eine einzelne dominierende Fassade.[14] Die Krankenhäuser in Havanna fand man verstärkt in der Innenstadt, dem Vedado und den westlichen Vororten. In Marianao standen drei bekannte Bauten der Frühmoderne: das *Hospital de Maternidad Obrera* (1939) von Emilio de Soto, das *Sanitorio Infantil de la Habana* (1944) von Luis Dauval – ein länglicher, schiffsähnlicher Bau mit abgestufter Fassade und geschwungenen Seitenpavillons – und das *Hospital Militar* (1940) von José Pérez Benitoa.

Die Mittelschule in Nueva Gerona war eine von vielen Bildungseinrichtungen, die in der frührepublikanischen Zeit entstanden sind, als man bemüht war, den Bau von Schulen auf der ganzen Insel zu fördern.

Die 1937 von Joaquín Weiss erbaute Bibliothek der Universität von Havanna verbindet einen starken Hang zu klassizistischer Monumentalität mit Art-déco-Bezügen, was besonders an den von der Maya-Kultur inspirierten Säulenkapitellen zu erkennen ist.

Das Hospital Infantil Docente Pedro Borras *(oben links) in Havanna und das 1944 erbaute* Sanatorio Infantil de la Habana Angel A. Aballi *im Bezirk Vedado von Luis Dauval (oben rechts) gehören zu den besten Beispielen für die Krankenhausarchitektur im Art-déco-Stil in Kuba. Das* Los Angeles Hospital *in Santiago ist charakteristisch für die traditionelle Gestaltungsweise der republikanischen Ära.*

PRIVATCLUBS

Die wachsende Bedeutung von Freizeit, Geld und sozialem Aufstieg brachte eine neue Ära der Club-Architektur hervor. Ein wichtiges Erbe aus der kulturellen Renaissance des 19. Jahrhunderts war das *casino*. Diese Art Gesellschafts- und Kulturclub gab es überall auf der Insel, meist in einem ansehnlichen Gebäude in zentraler Lage, wie zum Beispiel ein 1927 errichteter historistischer Bau in Sancti Spíritus zeigt. Das zweistöckige Gebäude, heute eine öffentliche Bibliothek, zeichnet sich durch eine geschwungene Vorderfront mit Bogenportal und einen säulengeschmückten Balkon im Obergeschoß aus.

Einige spanische Clubs dienten auch als gesellschaftliche und politische Treffpunkte für die in Kuba lebenden Galizier, Basken, Andalusier und Katalanen. In den Clubs befanden sich Theater, Lese- und Tanzsäle sowie Sporthallen. Die bemerkenswertesten Beispiele waren in Havanna zu finden: das *Centro Asturiano* und das *Centro Gallego* am *Parque Central*, der amerikanische Club und das *Casino Español* am nahegelegenen *Paseo del Prado*.

In der Architektur der spanischen Gesellschaftsclubs drückte sich die Heimatverbundenheit der Betreiber, meist wohlhabender Kaufleute, durch starke, geradezu exzentrische Anklänge an den wiederbelebten spanischen Kolonialstil aus. Das mit Blick auf den Park gelegene *Centro Gallego* zum Beispiel stellt ein reichverziertes, aufsehenerregendes Gegenstück zu seinem schlichten Nachbarn dar, dem *Capitolio* (beide Gebäude wurden von derselben amerikanischen Baufirma, Purdy und Henderson, gebaut). Das von dem österreichischen Architekten Paul Belau entworfene sehr historistische und individualistische *Centro Gallego* stellt seine Verbundenheit mit Spanien durch die Farben seiner *portales* im Erdgeschoß, die abgesetzten Eckkuppeln (die an die Geralda, den Turm der Kathedrale von Sevilla, erinnern) und ein neobarockes Gesims zur Schau. Die gedrechselten Fensterpfosten und die Verwendung von Buntglas greifen die barocke Fenstergestaltung von Kolonialdenkmälern in Havanna wie dem *Palacio del Segundo Cabo* auf. Ursprünglich hatte man sich nur das ehrgeizige Ziel gesetzt, das frühere Tacón-Theater aus

Die ehemalige Casa de Fausto Menocal, *von Emilio de Soto 1921 entworfen, besitzt einen großen Ballsaal, der heute für Hochzeitszeremonien genutzt wird.*

dem 19. Jahrhundert zu renovieren, welches dann in Belaus neuen Entwurf für das *Centro Gallego* eingegliedert wurde. Der größere der beiden verzierten Eingänge führt zum Theater, das immer noch in Betrieb ist; der andere diente als Zugang zu den Clubeinrichtungen wie Bibliotheken und Rauch-, Billard- und Speisesalons für die Mitglieder.

Die Innenausstattung mit großartigen Treppen, Deckengewölben und Marmorböden entsprach dem prunkvollen Äußeren mit seinen monumentalen Treppenaufgängen und kunstvollen Marmorverzierungen, die ständig und unübersehbar an den Reichtum und die spanische Herkunft des Besitzers erinnern sollten. Wie es im spanischen Neokolonialstil Kubas üblich war, wurden historische Bezüge bunt gemischt. So zeigt das Äußere des 1927 entstandenen *Centro Asturiano* (das ebenfalls ein altes Theater beherbergt) verspielte plastische Ornamente im Geist des kubanischen Barock, während ein Teil der ursprünglichen Clubeinrichtung Gegenständen aus dem *Escorial* nachempfunden war, dem berühmten Mönchspalast, der im 16. Jahrhundert unter der Regierung Philipps II. bei Madrid entstand.

Private Sport-, Strand- und Country-Clubs waren auch während der republikanischen Epoche zahlreich vertreten. Die bemerkenswertesten Beispiele

Das Casino Español *in Matanzas dient mit seiner prunkvollen Bauweise und seiner dekorativen Fassadenornamentik als Beispiel für die Clubarchitektur des frühen 20. Jahrhunderts.*

Das Centro Asturiano *in Havanna entstand nach dem Entwurf von Manuel del Busto, einem spanischen Architekten aus Gijón, der damit einen 1918 ausgeschriebenen Wettbewerb gewann. Das Baukomitee hatte festgelegt, der Entwurf müsse „dem puristischen Klassizismus des spanischen Renaissancestils entsprechen".*

Einer der wichtigsten spanischen Clubs in Kuba war das von Paul Belau entworfene Centro Gallego, *zu dem auch das alte* Teatro Tacón *gehörte. Die kunstvoll verzierte Fassade entsprach dem ausgefallenen Geschmack der Mitglieder, wohlhabenden kubanischen Händlerfamilien. Der Club wurde im Jahre 1915 mit einer Aufführung der Oper Aida eingeweiht.*

fand man in Havanna, darunter der Vedado Tennis Club von 1928, der Lyceum Lawn Tennis Club und eine Unzahl von anderen, die sich an den westlichen Stränden ausbreiteten, nachdem eine Brücke über den Almendares gebaut worden war, u. a. der Havana Yacht Club, 1924 fertiggestellt nach einem Entwurf von José Alejo Sánchez und Rafael Goyeneche, einem mexikanischen Architekten mit einer engen Bindung an Kuba. Im Gegensatz zu den spanischen Gesellschaftsclubs stellten Institutionen wie der Yacht Club die Domäne alter, etablierter kubanischer Familien dar; ihr im amerikanischen Beaux-Arts-Stil gestaltetes, elegantes und zurückhaltendes Erscheinungsbild ließ gewöhnlich ein konservatives Traditionsbewußtsein erkennen. Ein großartiges Beispiel dafür war das *Gran Casino Nacional*, das 1928 als Umbau eines älteren Gebäudes von Lloyd Morgan, einem Partner der amerikanischen Firma Schultze und Weaver, geschaffen wurde. Morgans streng symmetrische zweigeschossige Komposition besaß einen monumentalen Mittelbau mit einer prächtigen, als Triumphbogen gestalteten Wageneinfahrt und eine passende Verzierung mit Steinplatten, in die eine Prozession klassischer Figuren eingearbeitet war.

Wie bei anderen Gebäudetypen begann auch die Ausstattung der Clubs die aktuellen Trends nach dem Zweiten Weltkrieg widerzuspiegeln. Einer der letzten Clubs, die vor der Revolution gebaut wurden, war der ultramoderne *Club Náutico* von Max Borges jr., eine futuristische Komposition, die mit bogenförmigen Betonschalen und einem geschwungenen Dach Erinnerungen an Meereswellen wecken sollte.

Der grandiose Treppenaufgang des Centro Gallego *ist typisch für die Innenausstattung der Clubs in Havanna, die um die Gunst von Kubas Aristokratie wetteiferten.*

Die gesetzt wirkende Fassade des Yacht Clubs von Havana (oben) spiegelt den konservativen Geschmack seiner Mitglieder, vorwiegend Kreolen aus Adelskreisen. Dieser älteste Privatclub in Kuba wurde 1888 gegründet; das Clubhaus in Miramar entstand 1924 nach dem Entwurf von Rafael Goyeneche und José Alejo Sánchez. Der Club Naútico, *ein Badeclub in Miramar (rechts), der 1957 nach dem Entwurf von Max Borges jr. gebaut wurde, weist eine elegante moderne Gestaltung auf. Die verschiedenen separaten Gebäude sind durch Schalengewölbe aus Stahlbeton miteinander verbunden.*

KINOS UND NACHTCLUBS

Um 1930 wurde die kubanische Kultur von Hollywood bestimmt. (Tatsächlich unterhielt Hollywood Filmstudios in Miami.) Kinos in Havanna zeigten nun Erstaufführungen amerikanischer Filme. Die Blütezeit des Kinos fiel mit den frühen Tagen des Art déco und der Moderne zusammen, die sich vom Stil her als ideal für diese Art kommerzieller Architektur erwiesen. Ihre futuristischen Fassaden, die einen phantasievollen und magischen Eindruck machten, der sich im Inneren des Gebäudes fortsetzte, und einen aufregenden Kontrast zu dem traditionellen Hintergrund der kubanischen Städte boten, lockten die Kartenkäufer an. Noch heute dominiert das 1938 erbaute *Cine-Teatro Fausto* Havannas *Paseo del Prado*; die charakteristische Fassade mit ihrem Wechselspiel von vertikalen und horizontalen Profilen könnte direkt dem Ocean Drive in Miami Beach entsprungen sein.

Das Cine Oriente *in Santiago (oben) und das 1936 erbaute* Cine-Teatro Fausto *in Havanna von Saturnino Parajón (links) weisen durch die Verwendung von Pastelltönen und vereinfachten vertikalen Fassadenelementen einen ähnlichen Ansatz auf wie die Filmtheater im Art-déco-Stil.*

Das Cinema Arenal *in Miramar stellt einen verspielten Bezug zu den barocken Kirchenfassaden früherer Jahrhunderte her.*

Ein großartiges Beispiel für eine Kinoausstattung im Stil jener Zeit ist das *Edificio America* (1941) mit seinen geschwungenen Balkonen, die mit den Wänden des gewölbten Zuschauerraums verschmelzen. Im Terrazzo-Boden der Eingangshalle ist das Mosaik einer Weltkarte eingelassen, in der Kuba – natürlich als Nabel der Welt dargestellt – in poliertem Messing hervorsticht.

Die Nachtclubs, ein weiteres Produkt der kubanischen Tourismusbranche, waren zwar hauptsächlich für ihre prickelnden Tanzprogramme bekannt, aber das berühmte *Cabaret Tropicana* gehört auch zu den phantasievollsten Geschäftsgebäuden in Havanna. Wie schon im *Club Náutico* versuchte sich Max Borges jr. hier in der Verwendung von Gewölben aus dünnen Betonschalen. Fünf Bogen mit Spannweiten zwischen 12 und 27 Metern wölbten sich über zwei kreisförmigen Tanzflächen und Orchesterbühnen, unterbrochen von gebogenen Klarglasbändern. Auch die gesamte Vorderfront unter dem größten Bogen war verglast und im unteren Bereich mit Schiebetüren versehen. Die Idee, die dahintersteckte, war, ein ständiges Wechselspiel verschiedener Ansichten zu schaffen, sowohl außen als auch innen, wo die Tänzer durch den großen Saal wirbelten.

Das Cine América *in Havanna (oben) von 1941 ist eines von zwei Kinos, die in ein Projekt von Fernando Martínez Campos und Pascual de Rojas eingegliedert waren, zu dem auch ein Wohnhochhaus gehörte. Das Kino mit seinen Balkonen, die einen ungehinderten Blick auf die Leinwand zulassen, ist ein hervorragendes Beispiel für die klaren Linien aus einer späten Phase des Art déco. Das 1954 entstandene* Cabaret Tropicana *(links) von Max Borges jr. mit seinen Dünnschalengewölben und großzügigen Glasflächen, die einen Blick auf die tropische Pflanzenwelt ermöglichen sollten, war nachts hell erleuchtet.*

WOHNUNGSBAU

Die republikanische Epoche begann mit einer ernsten Wohnungsnot. Der spanisch-amerikanische Krieg hatte Tausende von Menschen obdachlos gemacht. Überdies setzte sich das klassische Muster der Kolonialzeit fort: Während die Mittelschicht und die obere Mittelschicht eine neue Entwicklung in den Vororten vorantrieben, bevölkerten immer mehr Angehörige der unteren sozialen Schichten die verfallenen Innenstädte. In den Stadtgebieten drängten sich Familien in Mietshäusern, den sogenannten *solares* oder *ciudadelas*. Diese Mietskasernen beherbergten Dutzende von Menschen in Ein- oder Zweizimmer-Wohnungen; Gemeinschafts- und Waschküche lagen im Hof und waren von der Straße aus über eine schmale Gasse zu erreichen. Koloniale *palacios* wurden mit *barbacoas*, einer Art Hängeboden, unterteilt, wobei man sich die hohen Decken zunutze machte. Diese alten Gebäude waren als *cuarterias* bekannt. Bretterbuden breiteten sich an den Stadträndern aus, während die Mehrzahl der Bevölkerung auf dem Land weiter in *bohíos* mit Lehmboden lebte, meist ohne Elektrizität und sanitäre Einrichtungen.

Im Prinzip konzentrierten sich alle Neubauaktivitäten auf die Vororte, wo man eine Weiterentwicklung erwarten konnte. Zudem waren sie für die Mittelschicht und höhere Schichten konzipiert. Für diejenigen, die am oberen Ende der Einkommensskala standen, boten die Vororte genau das, was den Innenstädten fehlte: Platz und viel Grün. In der Stadt zu leben, war nicht mehr in Mode. Der letzte der Stadtpaläste von Havanna war am Ende des 19. Jahrhunderts gebaut worden.

Das neue beliebte Konzept des freistehenden Hauses in einem parkähnlichen Garten kam erstmalig in der Ära der „fetten Kühe" vor der Wirtschaftskrise von 1929 voll zum Tragen. Frühe Beispiele verbanden das Konzept des freistehenden Hauses – im 19. Jahrhundert als *quinta* eingeführt – mit der historistischen Fassadengestaltung, die seit der Jahrhundertwende in Mode war. Deren Verzierungen nahmen in den folgenden zwei Jahrzehnten an Üppigkeit zu, als die Zurschaustellung persönlichen Reichtums für das neue Bürgertum von äußerster Wichtigkeit war.

Ein verbreiteter Haustyp war eine Abwandlung der malerischen Villa: asymmetrischer Grundriß, Türme, Gitterfenster und mit einer Mischung aus verschiedensten Stilelementen verzierte Veranden, die den früheren Patio-Grundriß sprengten. Im Erdgeschoß gingen die vorderen *salas* (oder Wohnzimmer), ein Eßzimmer und vielleicht eine Bibliothek oder ein Musikzimmer von einem langen Flur ab, und eine breite Treppe führte zu den Schlafzimmern im Obergeschoß. Damit zeichnete sich der Trend zu Räumen

Der Auftrag für den Bau des Wohnsitzes von Manuel Carvajal und Margarita Mendoza, Marqueses de Avilés, ging 1915 an Thomas Hastings vom New Yorker Architekturbüro Carrère und Hastings. Die zurückhaltende Gestaltung im Beaux-Arts-Stil, für die ursprünglich auch pompejanische Fresken vorgesehen waren, stand in seiner Gediegenheit im Gegensatz zu der typischen ornamentreichen Wohnungsbauarchitektur, die zu jener Zeit bevorzugt wurde.

mit spezifischem Verwendungszweck ab. Zu den bemerkenswerten Neuerungen zählte eine Verbesserung der sanitären Einrichtungen, die das Badezimmer, Symbol republikanischen Fortschritts, zum wichtigen Bestandteil des Grundrisses machten und ihm als Verbindung zwischen zwei Schlafzimmern einen exponierten Platz einräumten.[16]

Nicht alle neuen Häuser waren freistehend. Auch Reihenhäuser standen an dicht bebauten Straßen der von Spekulanten entwickelten Neubauviertel. Oft handelte es sich dabei um gleichförmige zweigeschossige Mehrfamilienhäuser, die mit zwei Eingängen versehen waren: Eine Tür führte ins Erdgeschoß, die andere über eine schmale Stiege zu einer separaten Wohneinheit darüber. Auf diese Weise hatte jede Wohneinheit einen direkten Zugang zur Straße.

Im Laufe des Jahrhunderts wurden Wohnviertel für den schmalen Geldbeutel gebaut: kleine Bunga-

In den ersten Jahrzehnten des 20. Jahrhunderts begannen verspielte Zierelemente aus Gips und Beton die eher formalen Steinornamente zu ersetzen. Dieser Wohnsitz im historistischen Stil, dessen Turm an ein toskanisches Landhaus erinnert, bleibt bis in die dreißiger Jahre charakteristisch für die Bauweise in den Vororten, in denen Havannas Oberschicht damals lebte.

Französische und amerikanische Glashersteller, darunter auch die New Yorker Firma Louis Comfort Tiffany, wurden mit der Gestaltung kunstvoller Buntglasfenster für Herrenhäuser in Havanna beauftragt. Der Empfangsraum der Villa Lita *im Bezirk Vedado ist beispielhaft für den Geschmack der frührepublikanischen Zeit.*

Weit verbreitetes Spekulantentum während der republikanischen Ära führte zum Bau von Häusern unterschiedlichster Stilrichtungen und Qualitätsstandards. Der Historismus, wie bei diesen Wohnhäusern in Pinar del Río zu sehen, war dabei bis ins frühe 20. Jahrhundert bestimmend.

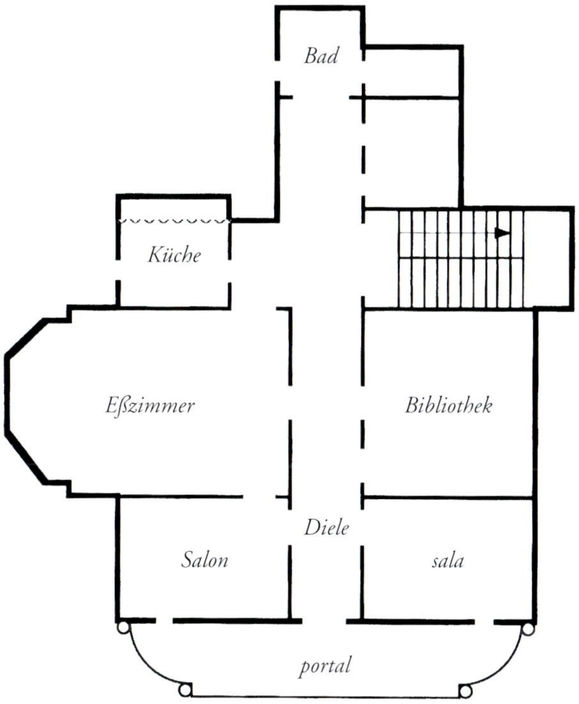

Republikanische Villa

Ein weiteres eigenartiges Beispiel für den historistischen Stil ist dieses Haus in Miramar mit seinem für die republikanische Wohnarchitektur typischen asymmetrischen Grundriß.

lows, bescheidene „Chalets" (ein- oder zweistöckige Häuser ohne Hof) und eingeschossige Häuser in verschiedenen Ausführungen mit angrenzendem Autostellplatz. In den vierziger Jahren hatten amerikanische Baufirmen auch das preiswerte „California"-Haus, einen Zementblockbau mit glattem Verputz, in den Vororten Kubas eingeführt. Diese verkleinerte Ausgabe des eingeschossigen Farmhauses mit offenem Grundriß wurde nach Standardplänen gebaut.

In der gleichen Zeit arbeiteten aber auch viele der bekanntesten in Kuba tätigen modernen Architekten wie Rafael de Cárdenas (erfolgreicher Architekt für Luxushäuser in Miramar), Eugenio Batista, Mario Romañach, Frank Martínez und Max Borges jr. an aufwendigen Entwürfen, bei denen neue Gesichtspunkte zum Tragen kamen: Funktion, Raumvolumen, Licht, Wirkung des freien Raums, Einbeziehung der tropischen Pflanzenwelt sowie die kreative Nutzung von vorgefertigten Materialien einschließlich Sperrholz und Beton. Besonderen Beifall erhielt Romañachs 1948 erbautes Haus für Julia Cueto de Noval, ein dreistöckiger funkionalistischer Bau in

1958 stammte ein Drittel bis die Hälfte aller kubanischen Wohnhäuser aus der Zeit nach dem Zweiten Weltkrieg. Eine kleine Villa im spanischen Stil in Guanabacoa (rechts) und ein „California-Haus" in Santiagos Vorort Vista Alegre (unten) sind Beispiele für bei der Mittelschicht beliebte Häuser.

Ein Art-déco-Stufenprofil verleiht dem Eingang eines einfachen Holzhauses in Santiago einen besonderen Akzent (links). Der lange, schmale Haustyp von der Breite eines Zimmers soll aus Haiti stammen und mit den Zuckerpflanzern nach Kuba gekommen sein. Ein bescheidenes Wohnhaus zeigt den Einfluß des Art-déco-Stils auch in Baracoa (unten).

Havannas Vorort Country Club. Diese streng rechteckige Komposition erinnert an das Werk Richard Neutras, der sich einige Jahre später mit seinem 1956 erbauten Haus für Alfred de Schultess in Havanna einen Namen machte. Es handelt sich um ein langgestrecktes Gebäude mit auskragenden Dachbalken und einer Wandverkleidung aus Stein im Inneren. Das Haus war von einem kosmopolitischen Schweizer Ehepaar in Auftrag gegeben worden und zählt zu den einzigen bekannten Wohnungsbauten eines international angesehenen Vertreters der Moderne in Kuba. Die kubanischen Architekten Raúl Alvarez und Henry Gutierrez waren am Entwurf beteiligt, und für die Gartengestaltung zeichnete der Landschaftsarchitekt Roberto Burle Marx verantwortlich.

Für die Planung von Mietshäusern wurde natürlich niemals so viel gestalterischer Aufwand betrieben wie für den Bau von Einfamilienhäusern. In den Händen der örtlichen Grundstücksspekulanten wurde das kubanische Mietshaus zum Objekt, das lediglich dazu diente, aus teurem Grund und Boden ein Maximum an Profit herauszuholen – eine Entwicklung, die durch das 1952 erlassene Wohnungseigentumsgesetz nicht unerheblich beschleunigt wurde.

Die Konzentration der Baufirmen in der Hauptstadt (und die Erdbebengefahr in anderen Teilen der Insel) führte dazu, daß größere Wohnungsbauprojekte nur in Havanna geplant wurden. Der bei anderen Gebäuden vorherrschende Stil wurde auch im Wohnungsbau übernommen. So gab es Anfang des Jahrhunderts in Havanna die ersten Wohnblocks im Jugendstil; in den dreißiger Jahren breiteten sich nied-

Selbst in der Moderne blieben leuchtende Farben ein wesentliches Element des kubanischen Designs, wie ein Balkon im Stadtteil Miramar in Havanna zeigt (oben). Die Casa de Julia Cueto de Noval *im Stadtteil Country Club (heute Cubanacán) in Havanna wurde von Kubas führenden Vertretern der Moderne Mario Romañach und Silverio Bosch im Jahre 1948 entworfen. Die Einbeziehung von Licht und tropischer Pflanzenwelt war ein immer wiederkehrendes Thema des kubanischen Funktionalismus.*

Fernando Salinas und Raúl González Romero benutzten Schüttbetonverschalungen für ihre Casa del Puente *(links) von 1950, ein Wohnhaus in Havanna mit Anklängen an die moderne skandinavische Architektur. Die 1957 gebaute* Casa de Rufino Alvarez *(unten) wurde von Mario Romañach konzipiert, der oft mit hölzernen Sonnenblenden und Betonverkleidungen experimentierte, um ein Spiel von Licht und Schatten zu erzeugen.*

rige Appartementhäuser im Art-déco-Stil in Miramar und anderen Vororten aus.

Zu den ersten bemerkenswerten Luxus-Appartementhäusern zählte das *López Serrano* im Bezirk Vedado. Dieser Appartementkomplex war, als er 1932 von der kubanischen Firma Mira y Rosich entworfen wurde, das höchste Gebäude in Kuba, obwohl sein Mittelturm – der an das Empire State Building in New York erinnert – nur 14 Stockwerke hoch war. Die symmetrisch angelegten Rückstufungen des Gebäudes in der Höhe, die vertikalen Terracotta-Profile und die kleine, aber bemerkenswerte Lobby – komplett mit zickzackförmig angelegtem Spiegelmosaik in einem Terrazzo-Boden – erinnern an ähnliche Art-déco-Entwürfe der gleichen Periode in Miami Beach, New York und Los Angeles. Als Paradebeispiel für die funktionalistischen Hochhaus-Entwürfe der Nachkriegszeit kann vielleicht das 1956 entstandene gigantische *Edificio FOCSA*, ebenfalls im Vedado, gelten. Dieser 35geschossige Komplex, von seinen Erbauern als progressive Annäherung an urbanes Wohnen gepriesen, wurde als in sich abgeschlossene Stadt

Der in Österreich geborene Architekt Richard Neutra arbeitete bei der Planung der Casa de Alfred de Schultess *(rechts) mit der kubanischen Firma Alvarez y Gutiérrez zusammen. Bei dem 1958 fertiggestellten funktionalen Bau aus Beton und Glas dominiert die Klarheit von Form und Funktion. Die Bauweise des 1956 errichteten Edificio FOCSA (unten), das neben öffentlichen Einrichtungen 400 Wohnungen beherbergt, geht ansatzweise auf ein Modell von Le Corbusier zurück; allerdings wurden keine Grünflächen eingeplant.*

Der 1932 im Art-déco-Stil erbaute Wohnkomplex López Serrano *im Vedado gehörte zu den ersten Investitionsprojekten nach dem Börsenkrach von 1929. Die Rückstufungen des Gebäudes in der Höhe und der zurückgesetzte Turm zeigen den deutlichen Einfluß der Wolkenkratzer-Architektur von New York. Die Planung des Baus, der acht Wohnungen pro Etage umfaßt, lag in den Händen von Ricardo Mira und Miguel Rosich.*

Das starke Anwachsen der Bevölkerung und die zunehmende Wohnungsnot trieben die Grundstückspreise der Hauptstadt in schwindelnde Höhen. Riesige Wohnkomplexe für die Mittelschicht und obere Mittelschicht stellten die einzig rentablen Investitionsprojekte für Bauherren dar. Der wellenförmige Bau der Wohnanlage Solymar *von Manuel Copado, der alle Möglichkeiten des Schüttbetons ausschöpfte, dominiert seit seiner Entstehung 1944 die Skyline von Havanna.*

in der Stadt konzipiert: Zusätzlich zu 400 Wohnungen und einer Garage für noch mehr Autos besaß er eine hauseigene Energieversorgung, eine Schule und ein Restaurant (mit dem Namen *La Torre*) im 28. Stock. Solche Annehmlichkeiten waren vielleicht die äußerste Manifestation eines Hangs zum Luxus, dem allerdings bereits drei Jahre später im Jahre 1959 von der Revolution Einhalt geboten wurde.

Für die wachsende Mittelklasse entstanden seit den dreißiger Jahren kleinere Wohnanlagen mit vier bis sechs Stockwerken. Lichtschächte und Balkone wie bei diesem Art-déco-Gebäude in Havanna (links) lockerten die Gleichförmigkeit des Baus auf und verbesserten die Luftzirkulation. Das 1959 kurz vor der Revolution fertiggestellte Edificio del Seguro Médico *(unten) bediente sich der Plattenbauweise, die damals in der amerikanischen Wohnungsbauarchitektur aufkam.*

DIE ZEIT DER REVOLUTION

1959 bis zur Gegenwart

Das 1967 von Antonio Quintana und Alberto Rodríguez konzipierte Hochhaus zählt zu den außergewöhnlichsten Wohnkomplexen, die in der Anfangszeit der Revolution errichtet wurden. Wegen der häufigen Stromausfälle erwiesen sich Hochhäuser mit Aufzügen allerdings als unpraktisch.

Die Oppositionsbewegung, die infolge wachsender Unzufriedenheit mit der proamerikanischen Politik und zunehmender sozialer und geographischer Ungleichheiten entstanden war, hatte endgültig gesiegt, als Fidel Castro am 1. Januar 1959 die kubanische Regierung übernahm. Am Ende des Jahrzehnts hatten die politischen Folgen der ständig größer werdenden Anti-Batista-Bewegung und die damit zusammenhängende wirtschaftliche Ungewißheit einer unberechenbar gewordenen Import-Export-Politik die Mittelschicht in eine Krise gestürzt. Der von den Kreolen beherrschte Handel, schon immer auf schwachen Füßen, blieb unterentwickelt, und die Zuckerindustrie konnte kein Wachstum verbuchen. Mit Ausnahme des Zuckers konzentrierte sich mehr als die Hälfte der wirtschaftlichen Produktion Kubas in Havanna. Im Durchschnitt genossen die Kubaner zwar einen der höchsten Lebensstandards in Lateinamerika, der nur von Venezuela übertroffen wurde. Verglichen mit der amerikanischen Wirtschaftsmacht, von der der kubanische Lebensstandard abhängig war, erschienen die Zahlen allerdings in einem anderen Licht: Mit einem Pro-Kopf-Einkommen von 375 Dollar rangierte Kuba noch hinter Mississippi, dem ärmsten US-Staat.[1]

Havannas gesellschaftliche, wirtschaftliche und geographische Isolation vom Rest der Insel symbolisierte die Polarisation, die jeden Aspekt kubanischen Lebens durchdrang. Schätzungsweise ein Fünftel der Gesamtbevölkerung von 6,5 Millionen Menschen – und damit auch der Hauptanteil an Geld und Arbeitskraft – konzentrierte sich in der Hauptstadt, die sechsmal größer ist als die zweitgrößte Stadt Santiago. Mit ihren Investitionen in Millionenhöhe kontrollierten die Vereinigten Staaten 40 Prozent der etwa 150 *centrales* der Zuckerindustrie, die über die ganze Insel verstreut waren.

Havanna und den westlichen Provinzen ging es am besten. Der Lebensstandard auf dem Land war merklich schlechter, besonders in Oriente. Im großen und ganzen hatte die Landbevölkerung wenig Zugang zu Bildungs- oder Gesundheitseinrichtungen, da landesweite Bauprogramme für solche Einrichtungen seit den dreißiger Jahren eingeschränkt und nur sporadisch durchgeführt wurden. Der Großteil der Landbevölkerung lebte in *bohíos*, Hütten mit Lehmboden und meist ohne Elektrizität und sanitäre Einrichtungen. Bei einem guten Drittel aller Stadtwohnungen fehlte ebenfalls jeglicher Komfort. Die kubanischen Städte gingen an ihren Ausläufern direkt in Pappkarton-Slums über; Prostitution, illegales Glücksspiel und Drogenhandel nahmen in Havanna überhand. Staatliche Bauprogramme waren im ganzen Land zum Stillstand gekommen, da sich die Bautätigkeiten auf Spekulationsobjekte im Wohnungsbau beschränkten.

Gestützt auf die marxistisch-leninistische Ideologie leitete Castro sofortige Reformen ein. Mit dem Ziel, das Gleichgewicht zwischen Stadt und Land wiederherzustellen, orientierte man sich deutlich weg von Havanna und konzentrierte sich auf die Entwicklung agro-industrieller Produktion auf dem Land; als weitere Punkte standen verbesserte Bildungs-, Gesundheits- und Wohnbedingungen für alle Kubaner auf dem Programm. Im Zuge der Verstaatlichung des Bankensystems wurden die meisten ausländischen und viele kubanische Besitztümer konfisziert und ein Außenhandelsministerium eingerichtet, um Im- und Export zu kontrollieren. Zwei neue Bodenreformgesetze (1959 und 1963) führten zur Verstaatlichung großer Plantagen und brachten die Mehrheit des kubanischen Ackerlandes unter staatliche Kontrolle; man begrenzte die Größe der Farmen und gründete staatlich geführte Genossenschaften und Kollektive.

Parallel dazu verbot eine Reihe von Grundstücksgesetzen die Spekulation mit Grundbesitz und die Hypothekenbelastung ungenutzter Baugrundstücke. Durch das 1960 erlassene Wohnungsbaureformgesetz wurden alle existierenden Mietverträge und Hypotheken für ungültig erklärt und die Mieten auf 10 Prozent des Einkommens des jeweiligen Mieters reduziert. Dies drosselte die Einnahmequellen der Mittelschicht erheblich, für die Wohnraum bis dahin eine lukrative Investition gewesen war: Profit wurde durch Mieteinnahmen aus Neubauten oder Finanzierung derselben mit Hilfe von Hypotheken erzielt. Tausende von Familien, die ihre gesamten Ersparnisse in Grundstücken angelegt hatten, verloren alles. Unter den neuen Gesetzen wurde die Miete an den Staat gezahlt, aber die Bewohner mußten für alle Instand-

haltungskosten aufkommen. Mietzahlungen konnten auch auf den Erwerb eines vom Mieter selbst bewohnten Hauses angerechnet werden. Aber diese Politik, Gebäude in Privathand zu geben, erwies sich als wenig erfolgreich, da der Kauf an eine prompte Bezahlung geknüpft war. In der chaotischen Anfangszeit der Revolution waren Tausende von Mietern zu regelmäßigen Mietzahlungen nicht in der Lage – Vermieter kassierten nicht regelmäßig, die Gerichte waren mit der Enteignung im Verzug, und Besitzer zögerten, die Enteignungsdokumente zu unterschreiben. So gelangte trotz gegenteiliger Bemühungen ein Großteil früheren Privatbesitzes in die Hände des Staates, und die Regierung nahm, entgegen ihren ursprünglichen Absichten, die Rolle des Vermieters ein.[2]

Die Beziehungen zwischen allen kirchlichen Konfessionen und der Castro-Regierung veränderten sich in den ersten zehn Jahren der Revolutionszeit ständig. Ein Akzent der marxistisch-leninistischen Ideologie liegt auf dem Atheismus, weshalb Anfang der sechziger Jahre die Religionsfreiheit in Kuba drastisch eingeschränkt wurde. Nach einer kurzen Entspannungsperiode eskalierte die Konfrontation zwischen Kirche und Staat, ausgelöst durch die Bildungsreformen, die die nicht konfessionsgebundene Ausrichtung der öffentlichen Schulen bestätigten und den Religionsunterricht verboten. Zudem galt die Kirche als potentielle Kraft einer Massenopposition gegen die neue Regierung. Katholische wie protestantische Kirchen riefen zeitweilig zu konterrevolutionärer Aktivität auf, was zur Folge hatte, daß viele geschlossen wurden. Die Kirchen konnten ihre Arbeit wieder aufnehmen, nachdem eine Nationalversammlung zum Thema Verhältnis von Kirche und Staat die Korrektur dieser Politik beschlossen hatte. Die Regierung gewährte mehr Religionsfreiheit und ermutigte die Gläubigen, der kommunistischen Partei beizutreten, und erkannte damit die Möglichkeit einer Koexistenz von religiöser und revolutionärer Aktivität an.[3]

Die Verstaatlichung der Wirtschaft führte zur Zerstörung der meisten früheren Wirtschaftszweige, z. B. im Immobilien-, Versicherungs-, Rechts- und im Bankwesen. Der Mangel an landeseigenen Investitionen und die Wirtschaftsblockade der Vereinigten Staaten brachten die wirtschaftliche Entwicklung zum Stillstand, und Kuba wurde in zunehmendem Maße von der Wirtschaftshilfe der Sowjetunion abhängig, die sich bereit erklärte, die Zuckermengen aufzukaufen, die die USA nun nicht mehr abnahmen und die in anderen Ländern nicht abgesetzt werden konnten. Schon 1961 waren die Hälfte der kubanischen Exporte und etwa 40 Prozent der Importe auf den sowjetischen Markt angewiesen. Kubas Abhängigkeit vom Ostblock setzte sich bis zu dessen Auflösung und dem Untergang der Sowjetunion im Jahre 1991 fort.

Ob aus ideologischen, ökonomischen oder kreativen Gründen – für die meisten Architekten, von denen 90 Prozent in Havanna arbeiteten, war die Politik der Revolutionsjahre ein Grund, Kuba zu verlassen. Dennoch bot sich einigen Leuten aus dem Baugewerbe, egal ob sie der Politik der Zentralregierung zustimmten oder nicht, in der ersten romantischen Phase der Revolution kurzzeitig ein kreatives Klima. Zu ihnen gehörten ausländische Befürworter der revolutionären Sache, die vom neuen Bauminister, Osmany Cienfuegos, ins Land eingeladen wurden. Andere waren prorevolutionäre Sympathisanten, die vor 1959 im Exil gelebt hatten. Wieder andere gehörten zu einer informellen Gruppe von Denkern aus dem Kreis um Célia Sanchez, eine prominente Figur der kubanischen Avantgarde, die sich mit der Identität kubanischer Architektur im zeitgenössischen Kontext beschäftigte.[4]

Einer der radikalsten Köpfe der frühen, romantischen Phase der Revolution war Ricardo Porro, ein in Kuba geborener Architekt italienischer Abstammung aus Oriente, der nach 1959 aus dem Exil in Venezuela auf die Insel zurückkehrte. Porro, der 1966 nach Paris ging, wurde als Leiter der Planungsarbeiten für den Komplex der Staatlichen Kunstschule in Havanna bekannt – das einzige größere expressionistische Werk, das in der euphorischen Anfangszeit der Revolution entstand.

Ein weiterer Individualist, Walter Betancourt, Amerikaner kubanischer Herkunft, kam 1961 auf die Insel, um die revolutionäre Sache zu unterstützen. An Betancourts Ziegelbauten, die behutsam in die landschaftliche Umgebung eingebettet sind, wird ein gutes Gespür für Material, handwerkliche Arbeit und Gesamtstruktur sichtbar. Die Nähe zu Frank Lloyd Wright wird sowohl an einer Reihe kleiner Parks, die er in Santiago anlegte, als auch bei größeren Aufträgen wie dem Forstwirtschaftsamt im Sierra Maestra Gebirge und dem Kulturzentrum von Velasco deutlich, das nach Betancourts Tod 1978 von Gilberto Seguí Divinó fertiggestellt wurde.

Die bemerkenswertesten unter den wenigen anderen Architekten, die sich einen Namen gemacht hatten, waren Fernando Salinas und Antonio Quintana. Salinas hatte in den Vereinigten Staaten studiert, wo er sowohl für Mies van der Rohe als auch für Philip Johnson gearbeitet hatte. In Kuba spielte er eine einflußreiche Rolle als Lehrer und Theoretiker; er wies nachdrücklich darauf hin, daß der menschliche Aspekt bei der zentralisierten Planung vernachlässigt würde. Salinas hat unter anderem die Stadt Manicaragua in der Provinz Las Vilas geplant und war am Bau der *City University José Antonio Echeverría* beteiligt, bekannt als CUJAE (1961-64). Beides waren frühe Experimente mit der Fertigbauweise, die dazu dienen sollten, den Gebäuden innerhalb der durch die Fertigbauelemente vorgegebenen Parameter eine individuelle Note zu verleihen. Quintana, der nach 1959 in Kuba geblieben war und dem Kreis um Célia Sanchez angehörte, erhielt die meisten der wichtigen staatlichen Aufträge, die allerdings weder Schul- noch Wohngebäude betrafen. Seine Arbeit zeichnet sich durch die Bemühung aus, die Gebäude mit ihrer Umgebung zu verbinden, indem er natürliches Licht und eine natürliche Luftzufuhr, offene Räume sowie optische Bezugspunkte gezielt einsetzte. Dieser Versuch wird ganz besonders deutlich in so unterschiedlichen Projekten wie dem Hotel der Kosmonauten in Varadero, dem Konferenzzentrum von Havanna und dem

Walter Betancourt, amerikanischer Architekt kubanischer Abstammung, ließ sich nach der Revolution in Oriente nieder. Sein Zentrum für Forstwirtschaft in Güisa spiegelt den Einfluß Frank Lloyd Wrights, der Betancourt in den fünfziger Jahren eine Stellung in Taliesin angeboten hatte.

Heredia Theater in Santiago. Eine ähnliche Sensibilität für die Einbeziehung der Umgebung spiegelt sich in *Las Ruinas*, das von Joaquín Galvan entworfen wurde. Dieses Open-air-Restaurant im Leninpark in Havanna stellt durch die Integration von Steinfragmenten einer zerstörten Zuckermühle eine Verknüpfung zur kubanischen Vergangenheit her.

Obwohl es diesen wenigen Individualisten gelang, vielen Gebäuden ihren persönlichen Stempel aufzudrücken, brachte der Schritt in Richtung zentralisierte Planung unter Aufsicht des Bauministeriums – das für die gesamte Bauplanung und -ausführung innerhalb Kubas zuständig war – die unabhängigen Stimmen schnell zum Schweigen. Besonders die 1963 in Havanna abgehaltene Konferenz der Internationalen Architektenvereinigung setzte sich zum Ziel, soziale Ungerechtigkeiten auszugleichen, und schwor das staatliche Bauprogramm auf funktionale Standardbauten ein. Vor dem Hintergrund einer zwingend erforderlichen Umverteilung von Dienstleistungen

Der Parque del Ajedrez *(rechts) ist einer von mehreren kleinen Parks, die Walter Betancourt für die Innenstadt von Santiago entwarf. Der Architekt experimentierte mit Ziegelsteinen, mit denen er Flächen auf mehreren Ebenen anlegte, die sich der hügeligen Lage der Stadt anpaßten. Das 1979 von Antonio Quintana entworfene Kongreßzentrum in Havanna (unten) zeichnet sich durch hofähnliche Vorplätze, Springbrunnen und rotgeflieste Böden aus. Breite Fensterreihen bieten einen Ausblick auf umstehende Mango-, Trompeten- und Banyanbäume.*

Seite 187:
Joaquín Galvans Entwurf für das Restaurant Las Ruinas *(1971) im Leninpark kombinierte Fertigbauplatten mit den Überresten einer Zuckermühle aus dem 18. Jahrhundert.*

und Arbeitskräften sowie der schrittweisen Verlagerung der wirtschaftlichen Entwicklung von der Stadt aufs Land beschloß die Regierung eine umfassende Neugestaltung der ländlichen Gebiete, mit der Zielsetzung, die verstreute Landbevölkerung zu konsolidieren.

Dahinter stand die Idee, landwirtschaftliche Betriebe und verwandte Wirtschaftszweige in neuen „ländlichen Städten" zu unabhängigen und eigenständigen Gemeinden mit eigenen medizinischen und schulischen sowie Freizeiteinrichtungen zusammenzuschließen. La Ya Ya zum Beispiel, eine neue Stadt in der Nähe von Santa Clara, stellte vier fünfstöckige Appartementkomplexe als Wohnraum für die Arbeiter einer Molkerei-Genossenschaft zur Verfügung. Wohnhäuser, Schulen, Bauernhöfe, Fabriken und Hotels für kubanische Arbeiter in Fertigbauweise wurden als wesentliche Bestandteile dieses Gesamtplans zur „Urbanisation des Landes" angesehen. Die Bemühungen, die ländlichen Gebiete ausreichend zu versorgen, führten auch zur Einführung von Trainingsprogrammen für Ärzte und Sozialarbeiter sowie dem Bau neuer Gesundheitseinrichtungen. Seit Anfang der sechziger Jahre gibt es für alle kubanischen Bürger eine kostenlose medizinische und zahnmedizinische Versorgung. Bis 1976 hatte das staatliche Bauprogramm über 200 neue Einrichtungen hervorgebracht, darunter allgemeine chirurgische Krankenhäuser sowie auf Pädiatrie, Geburtshilfe und Psychiatrie spezialisierte Kliniken. Das inselweite Netz umfaßte auch Hunderte von Polikliniken in der Stadt und auf dem Land, die die Basis der medizinischen Grundversorgung in Kuba darstellten.[5]

Ein zentral gelenktes einheitliches Bauprogramm für alle Gebäudetypen mußte sich einer eigenen Technologie bedienen, die auf der ganzen Insel mit Hilfe einer weitgehend standardisierten Ausbildung angewandt werden konnte. Dazu gehörte die Aufbereitung von Zuckerrohrabfällen als Material für Trennwände und Möbel ebenso wie das Experimentieren mit verschiedenen – offenen (Teile sind untereinander austauschbar) wie geschlossenen (Teile sind nicht austauschbar) – Betonfertigbausystemen, wie das sowjetische *Gran Panel* (Fertigbauteile), das 1963 in Kuba eingeführt wurde, das jugoslawische IMS (vorgefertigte Stützen und Wandplatten, die vor Ort montiert wurden) und das kanadische LH (Hohlblockkonstruktion).

Auch die Bemühungen, das ehrgeizige Plansoll der Agrarproduktion für 1970 zu erfüllen, trieben das staatliche Bauprogramm weiter voran. Überall auf der Insel entstanden Planungszentren, die sogenannten „Wachposten", und Fabriken für Fertigbauteile, um den Bau von Straßen, Dämmen, Molkereien und weiterverarbeitenden Industrien zu forcieren. In den achtziger Jahren wurden so gut wie alle Industrie- und

Rodrigo Tascóns Schule für Medizin von 1964 an der Universität von Oriente in Santiago fällt durch ihre Ziegelverkleidung und die mit Hilfe hyperbolischer Paraboloidschalen konstruierten Schattendächer auf. Der aus Labors, Klassenräumen und Bibliotheken bestehende Komplex ist um einen dicht bepflanzten Innenhof gruppiert.

Die Verwendung von Fertigbauelementen aus Beton reicht von einfachen funktionalen Formen wie bei diesem Wohnkomplex in La Ya Ya (links) bis hin zum experimentellen Design des Centro de Investigaciones Científicas *in Havanna (unten), das von Joaquín Galvan, Onelia Payrol, Sonia Domínguez und Carlos Noyola als zwei große Blocks mit Büros und Labors konzipiert wurde, verbunden durch einen eindrucksvollen Eingang.*

Ausgedehnte Wohnkomplexe, die in den siebziger Jahren von Mikrobrigaden aus Fertigmodulen gebaut wurden, wie hier in Santiagos Stadtbezirk Abel Santamaría, stellten die landesweite Lösung des Wohnungsproblems dar. Abel Santamaría war einer der Anführer beim Angriff auf die Moncada-Garnison im Jahre 1953.

Agrargebäude aus vorgefertigten Stützen, Trägern, Wand- und Deckenplatten sowie Fundamenten gebaut. So entstanden funktionale, gesichtslose Bauten ohne persönliche Note.

PARKS UND DENKMÄLER

Als öffentliche, kommunale und weithin sichtbare interaktive Plätze spielen Parks und Denkmäler eine wichtige symbolische wie konkrete Rolle im Stadtbild der Revolutionszeit. Jede Stadt bekam ihre *Plaza de la Revolución*; wollte man etwas Neues öffentlich zeigen, so wurde es nicht in der alten Innenstadt, sondern, ganz symbolisch, immer am Stadtrand aufgestellt. Herz und Seele der kubanischen Verwaltung, die *Plaza de la Revolución* in Havanna, ist aus der *Plaza de la República* aus der Amtszeit Batistas in den fünfziger Jahren entstanden; das frühere Justizministerium beherbergt gegenwärtig das Zentralkomitee der Kommunistischen Partei und die Büros von Fidel Castro. Wie andere kubanische Plazas dient sie als wichtiges Forum für öffentliche Feierlichkeiten; an Che Guevaras Todestag legen Kinder hier Blumen nieder, und Hunderttausende hören sich bei politischen Versammlungen Castros Reden an.

In den frühen Jahren der revolutionären Regierung wurden neue städtische Räume geschaffen, die gleichzeitig Park, Denkmal *und* Plaza waren. Das erste wichtige Denkmal nach der Revolution war der Denkmalpark der revolutionären Märtyrer (1965-67), ausgeschrieben als staatlicher Wettbewerb, den ein Team von Architekten und Planern (Emilio Escobar, Mario Coyula, Sonia Domínguez und Armando Hernández) gewann – alle waren in den fünfziger Jahren revolutionäre Aktivisten. Dieser Park und Spielplatz in einem, am Schauplatz der Studentenversammlungen nahe der Universität von Havanna im Bezirk Vedado gelegen, ist durch und durch symbolgeladen und diente als Modell für zukünftige Projekte auf der ganzen Insel. Er erstreckt sich über einen gesamten Straßenblock; mit seinen stufenförmig angelegten Ebenen, die von vielen Wegen durchkreuzt werden, fordert er vom Besucher eine gewisse Aktivität. Eine Reihe von Betonwänden erzählt von Studentenunruhen in der kubanischen Geschichte;

geisterhafte Reliefbilder werden zunehmend verschwommener, während die Zeit voranschreitet und die Kämpfe heftiger werden. Die vertikalen Elemente des Denkmals weisen auf positive Errungenschaften hin, während die horizontalen Formen auf den Widerstand gegen den Kampf anspielen, der negativ gesehen wird. Der letzte Betonkeil dieser Sequenz, eine zerbrochene Form, steht für Batistas Regierungszeit, wobei das Gras, das auf seiner Oberseite wächst, eine neue Zukunft andeutet.

Ein Denkmal auf der Plaza de la Revolución *in Santa Clara ehrt Che Guevara. Ches Eroberung der Stadt war ein entscheidender Faktor für die Machtergreifung Fidel Castros im Jahre 1959.*

Der Parque-Monumento de los Mártires Universitarios *von 1967 in Havanna (rechts und unten), der mit starkem Symbolismus die Geschichte des politischen Kampfes in Kuba sichtbar macht, ist Denkmal, Plaza und Spielplatz zugleich. Die Planungsgruppe bestand aus Mitgliedern und Freunden von Studentenorganisationen, die gegen Batista gekämpft hatten; ein Mitglied des Teams war 1955 hier verwundet worden.*

Die *Plaza de la Revolución Antonio Maceo* in Santiago, die etwas neueren Datums ist (1991), wurde zwar ähnlich aufwendig gestaltet, wirkt in ihrer Bildersprache jedoch unmittelbarer. Im Mittelpunkt steht eine Statue von Antonio Maceo, dem Helden des Unabhängigkeitskrieges aus Santiago, hoch zu Pferde, einer abgestuften Kolonne von gußeisernen Macheten gegenüber. Das Interessante an dem Denkmal ist seine natürliche Verbindung, die es mit dem trapezförmigen Untergrund eingeht, einem grasbewachsenen Hügel, in den die niedrigen Stützmauern eingelassen sind und ein unterirdisches Gebäude integriert wurde. Weit monumentaler zeigt sich der Leninpark in Havanna, der aus dem Bestreben entstand, eine bedeutungsvolle Grünanlage in städtischer Umgebung zu schaffen. Die Natur selbst ist das beherrschende Element in dieser 1600 Morgen großen Anlage, die unter der Leitung von Antonio Quintana gestaltet wurde; seine Intention war es, eine natürliche Verbindung zwischen der Landschaft und den neu hinzukommenden Gebäuden herzustellen, darunter ein Amphitheater von Hugo D'Acosta und Joaquín Galvans Restaurant *Las Ruinas*, die sich in die landschaftliche Umgebung einfügen. Auch ein eher traditionelles Denkmal ziert den Leninpark: eine überlebensgroße Büste von Lenin selbst.

1991 wurde auf der Plaza de la Revolución *in Santiago ein dynamisch gestaltetes Denkmal mit symbolischen Macheten zu Ehren Antonio Maceos, eines Helden des Unabhängigkeitskrieges aus dieser Stadt, eingeweiht (oben).*

SCHULEN

Die Bildung war eine der Hauptsäulen der revolutionären Politik, und eine der ersten Verpflichtungen, die der Staat einging, war der Bau Hunderter von Schulen und die Durchführung von Alphabetisierungsprogrammen für Kinder und Erwachsene auf dem Land, wodurch das Analphabetentum bereits 1962 auf 4 Prozent reduziert wurde. Bildung für Kubaner aller Altersklassen war nicht nur ein primäres gesellschaftliches Anliegen, sondern sie stellte auch einen entscheidenden Faktor für die wirtschaftliche Entwicklung und Unterstützung der sozialistischen Sache dar, deren Grundsätze auf diese Weise überall verbreitet werden konnten. Alle Privatschulen wurden verstaatlicht. Militärkasernen der Batista-Regierung stattete man unverzüglich mit Tischen und Tafeln aus und funktionierte sie zu Bildungseinrichtungen um. Weiterhin wurde ein Schulbauprogramm für die ganze Insel beschlossen. Zu den neuen Einrichtungen gehörten Kinderkrippen und Kindergärten, einfache Landschulen mit Grund- und Sekundarstufe, Berufsschulen, Universitätskomplexe und mindestens eine „Schulstadt" (*Ciudad Escolar*) in Oriente. So entstanden allein in den ersten beiden Jahren der Revolutionszeit 17.600 Klassenräume.

Die treibende Kraft hinter dem Schulbauprogramm war ein Team von Architekten und Planern, Teil des *Grupo Nacional de Construcciones Escolares de DESA* (heute eine Abteilung des Bauministeriums). Im DESA-Konzept, das die zentrale Erarbeitung von Entwürfen durch ein einziges Team vorsah, wurde ein Standardprogramm für alle Schulen skizziert, unabhängig von Größe oder Funktion. Zur Ausstattung gehörten Klassenräume und Labors, Schlafräume, Küche und Speiseräume, Sport- und Freizeiteinrichtungen. Um all diesen Bedürfnissen gerecht zu werden, erarbeitete die Gruppenleiterin Josefina Rebellón ein flexibles System aus Fertigbetonteilen (als Girón-System bekannt), die vielfach kombiniert und durch unterschiedliche Farbgebung und Anordnung verschiedenen räumlichen Funktionen zugeordnet werden konnten.

Als wichtigstes Resultat der Verwendung von Fertigbetonelementen im schulischen Bereich gilt weithin die *Ciudad Universitaria José Antonio Echeverría* (1961-69). Diese unter dem Namen CUJAE bekannte zentrale technische Universität wurde unter Anwendung der Hubdeckentechnik gebaut: Die vor Ort gefertigten Deckenplatten wurden mit Hilfe hydraulischer Hebebühnen auf die vorgefertigten Träger gehievt, anschließend montiert und von innen mit leichten Siporex-Platten verkleidet. Das Planungsteam, bestehend aus Humberto Alonso, Manuel Rubio, José Fernandez, Fernando Salinas und Josefina Motalván, konzipierte die Schule als zusammenhängende Gruppe von Gebäuden (anstelle von iso-

Eine Mittelschule auf der Isla de la Juventud als Beispiel für die ausgedehnten Fertigbaukomplexe, die als Bildungseinrichtungen zentral geplant und auf der ganzen Insel gebaut wurden.

lierten Einheiten) mit unterschiedlicher Höhe und Geschoßzahl, die eine spätere Erweiterung ermöglichten. Alle Einrichtungen waren durch terrassenförmig angelegte Gehwege, auskragende Balken, Balkone oder Loggias verbunden und durch eine Reihe intimer offener und geschlossener Höfe und Grünanlagen zu einer Einheit zusammengefügt.

Während des Baus der CUJAE entstanden auch die Entwürfe zu Ricardo Porros Staatlicher Kunstschule (1962-65), einem Komplex aus fünf Schulgebäuden, der auf dem ehemaligen Golfplatz eines vorrevolutionären Country-Clubs in Havannas grünem westlichen Vorort Cubanacán errichtet wurde. Unter der Leitung von Porro wurde dieses Projekt in Zusammenarbeit mit den italienischen Architekten Vittorio Garatti und Roberto Gottardi durchgeführt. (Alle drei hatten bereits vor der Revolution in Venezuela zusammengearbeitet.) Porro entwarf die Schule für modernen Tanz sowie die Schule für Bildhauerkunst, Vittorio Garatti schuf die Musikschule und die Ballettschule, und Gottardi zeichnete für die Schauspielschule verantwortlich. Aufgabe der Schule sollte es sein, die kubanischen Ursprünge gebührend zu würdigen und den Einwohnern einen leichteren Zugang zur Kunsterziehung zu ermöglichen.

Das technokratische CUJAE-Projekt und die ausgesprochen individualistische Staatliche Kunstschule waren zwar völlig verschieden, hatten aber dennoch einige grundlegende Gemeinsamkeiten. Beide Komplexe entstanden in Teamarbeit, wobei ihre natürliche Lage und Umgebung bei der Konzeption mit berücksichtigt wurde. Beide bestanden aus dorfähnlichen Häusergruppen mit Studios, Klassenräumen, Büros und Mensa als Teile eines geschlossenen Ganzen und waren als Symbole für Entwicklung, Veränderung und eine neue offene Gesellschaft geschaffen worden.

Jedoch stand CUJAE, mit ihren Fertigbaumaterialien und den strengen rechteckigen Formen ein Abbild des Industriezeitalters, in auffälligem Gegensatz zur Staatlichen Kunstschule, deren organische Formgebung voller sexueller Anspielungen tief in der kubanischen Tradition verwurzelt war. Porros Entwurf für die Schule der Bildhauerkunst sah einen Bau aus einheimischem Ziegelstein mit einer Reihe von elliptischen, vom Tageslicht erhellten und von geschwungenen katalanischen Gewölben überdachten Plätzen vor. Das Gebäude, das sich durch die tropische Vegetation schlängelte, sollte Ausdruck weiblicher Erdverbundenheit sein und den Mystizismus der afrikanischen religiösen Rituale, die die kubanische Kultur beeinflußt hatten, sowie einen Eindruck von Sinnlichkeit, die Porro dem spanischen Barock zuschrieb, vermitteln. Dieses sehr individuelle Projekt fiel der staatlichen Kritik, die an Porros „hedonistischem" Entwurf geübt wurde, und einer Materialknappheit, die eine Fertigstellung unmöglich machte, zum Opfer; so blieben einige Gebäude der Staatlichen Kunstschule unvollendet. Viele sind jetzt Ruinen, die von der tropischen Vegetation zunehmend überwuchert werden.

Gemeinsam stehen die Kunstschule und CUJAE für eine symbolische Weggabelung in Kubas Frühzeit der Revolution: CUJAE stellte den Weg dar, der eingeschlagen, die Nationale Kunstschule denjenigen, der nie beschritten wurde.

Der als CUJAE bekannte Universitätskomplex von 1970 im Süden Havannas spiegelt den Versuch, eine individuelle Gestaltungsweise mit Hilfe von Fertigbauteilen zu realisieren.

Die Kunsthochschule von Havanna, die unter der Leitung von Ricardo Porro gebaut wurde, weist elegante katalanische Ziegelgewölbe auf – eine bewußte Abkehr vom Stahlbeton. Die sinnträchtigen Gebäude wurden unmittelbar nach der Revolution konzipiert, zu einer Zeit, sagte Porro, „als noch alles möglich schien".

WOHNUNGSBAU

Nahezu alle Wohnungsbauprojekte der Revolutionszeit waren entweder öffentlich geförderte Fertigbauten an den Stadträndern, zum Beispiel in *La Habana del Este* und dem Bezirk José Martí in Santiago, oder Teile neu entstandener Städte auf dem Land. Die staatliche Wohnungsbauinitiative brachte zunächst 17.000 neue Wohneinheiten pro Jahr hervor. (Etwas Wohnraum konnte auch durch die Beschlagnahmung von 135.000 Häusern und Wohnungen, deren Besitzer zwischen 1959 und 1975 die Insel verlassen hatten, bereitgestellt werden. Diese Wohnungen lagen allerdings größtenteils in den Städten, der Hauptbedarf jedoch bestand auf dem Land.) Aber Mitte der sechziger Jahre hatten die meisten routinierten Architekten, Ingenieure und Baufachleute das Land bereits verlassen. Mangel an Baumaterial und ausgebildeten Fachleuten im Planungs- und Bausektor sowie die verstärkte Ausrichtung auf die Bereiche Gesundheit und Bildung und auf agrarwirtschaftliche Projekte reduzierte die jährliche Produktion von Wohnraum auf nur 7.000 neue Einheiten. In der Zwischenzeit hatten sich die Probleme in der Stadt infolge der Konzentration auf die ländliche Entwicklung verschärft. Tausende von alten Häusern waren dem Verfall preisgegeben und stürzten ein (allein 1979 waren es 25.000), und ihre Bewohner waren gezwungen, vorübergehend in primitive Ausweichquartiere zu ziehen, die häufig auch zu permanenten Unterkünften wurden.[6]

Das erste revolutionäre Experiment im Wohnungsbau entstand im April 1959 auf dem Zeichenbrett: *La Habana del Este*, ein Projekt von vier- bis elfgeschossigen Betonplattenbauten für 10.000 Bewohner auf einem Gelände östlich des Hafens von Havanna, für dessen Verwirklichung sich Batista in seiner letzten Amtsperiode stark eingesetzt hatte. Dieses riesige staatlich geförderte Projekt, das von einem Team aus Architekten und Ingenieuren, u. a. von Roberto Carranzana und Mario González, durchgeführt wurde, sollte Wohnraum und Dienstleistungseinrichtungen (wie Kindergärten, Geschäfte und

Kurz nach der Revolution wurden Wohngebäude für La Habana del Este *(links) in einer Gegend errichtet, die Fulgencio Batista sich für seine eigenen Entwicklungspläne, die auch ein neues Präsidentenpalais umfaßten, reserviert hatte. Zum Stadtviertel José Martí in Santiago (unten) gehört auch Land für einen Gemeinschaftsgarten.*

Wäschereien) in eigenständigen „Superblocks" mit integrierten öffentlichen Grünanlagen und Fußgängerpromenaden bereitstellen. Diese Idee ging teilweise auf europäische Bestrebungen zurück, nach dem Ersten Weltkrieg öffentlich geförderten Wohnraum für Bürger der unteren und mittleren Einkommensklasse zu schaffen, wobei Gemeinnützigkeit und staatliche Unterstützung an die Stelle von privater Spekulation traten. Die frühen Projekte bestanden in der Planung von verkehrsberuhigten Zonen mit Doppel- oder Terrassenhäusern, die um kleine Höfe gruppiert waren, oder niedrigen durch Terrassen oder Balkone gegliederten Mietshäusern mit großen begrünten Höfen und Spielplätzen, ähnlich dem sozialistischen Wohnprojekt Karl-Marx-Hof in Wien von 1927.

Während der ersten Blütezeit der Revolution erbaut, sollte *La Habana del Este* eigentlich als Modellvorlage für den revolutionären Wohnungsbau dienen, wurde aber später von kubanischen Stadtplanern wegen seiner isolierten Lage und seines fehlenden „urbanen Lebensgefühls" kritisiert.

Fernando Salinas' Entwurf für Manicaragua in Las Villas wird allgemein eher als human bewertet. Zu dem Komplex gehörte eine Durchgangsstraße, die Platz für soziale Interaktion bot. Man variierte drei verschiedene Grundelemente, die durch konkave Formen aufgelockert wurden und etwas Abwechslung in die stilistische Gleichförmigkeit brachten.

Fünfzig Meilen westlich von Havanna entstand die neue Gemeinde *Las Terrazas* nach einem Entwurf von Mario Girona. Sie stellte eine bemerkenswerte Ausnahme im Bereich des Wohnungsbaus dar. 1967 verordnete der Staat die Wiederaufforstung eines 12.500 Morgen großen Geländes im Naturschutzgebiet Sierra del Rosario bei Saroa in der Provinz Pinar del Río. Durch die Neustrukturierung mit Terrassen, die für eine Bepflanzung ideal geeignet waren, wurde Platz für kleine zwei- bis dreistöckige ziegelgedeckte Stelzenhäuser geschaffen, die sich auf den verschiedenen Ebenen verteilten. Wie bei der späteren Teamarbeit der Mikrobrigaden in den siebziger Jahren wurden die für das Aufforstungsprojekt angeworbenen Teams von *campesinos* auch für den Bau von Häusern ausgebildet, die sie selbst bewohnen sollten. Nach einer Unterbrechung in den späten sechziger Jahren wurde der Hausbau im folgenden Jahrzehnt

Mario Gironas Entwurf für Las Terrazas *im Naturschutzgebiet Sierra del Rosario gab Einzelhäusern den Vorzug vor großen Wohnkomplexen. Die Arbeiter, die für das hier durchgeführte Aufforstungsprojekt rekrutiert wurden, erhielten zuerst eine bautechnische Ausbildung, damit sie ihre eigenen Häuser bauen konnten.*

wieder verstärkt; nun konnten die Kubaner ihre eigenen Systeme verwenden, die in den in den letzten Jahren entstandenen Fertigteilfabriken hergestellt wurden. Ein weiterer Impuls ging von den Mikrobrigaden aus. Diese kleinen lokalen Bauteams wurden 1970 während einer Phase der Dezentralisierung eingeführt, als der Staat neue Wege suchte, der in allen Bereichen herrschenden Knappheit zu begegnen, die aus dem fehlgeschlagenen Versuch resultierte, ein Plansoll von 10 Millionen Tonnen in der Zuckerernte in diesem Jahr zu erreichen.

Die Unterkünfte der Mikrobrigaden waren riesige Wohnsiedlungen, in denen 50.000 bis 100.000 Bewohner in Mehrfamilienhäusern (sowohl vier- bis fünfstöckige Wohnhäuser als auch Hochhäuser mit Aufzug) lebten, angegliedert an Städte wie Havanna und Santiago. Die Mikrobrigaden bauten auch ein- und zweistöckige Häuser in den Dörfern sowie Zuckermühlenzentren und staatliche Farmen auf der ganzen Insel.

Jede Einheit bestand aus Arbeitern, die zeitweise von ihren regulären Arbeitsstellen freigestellt und einer Gruppe von 33 Mitgliedern zugeordnet wurden. Professionelle Architekten und Ingenieure des Bauministeriums schulten dieses Team in den erforderlichen bautechnischen Fertigkeiten direkt auf der Baustelle. Ein Teil der fertiggestellten Wohngebäude wurde den Unternehmen übertragen, die die Arbeitskräfte zur Verfügung gestellt hatten, während der Rest an Familien ging, die in die neuen Wohnzentren umgesiedelt wurden, weil man den Bau neuer Städte auf dem Land vorantreiben wollte. Der 1976 fertiggestellte *Alamar*-Komplex im Osten Havannas, der Wohnen und Arbeiten am gleichen Ort ermöglichen sollte, beherbergt Drei- bis Fünfzimmerwohnungen, Geschäfte, Schulen, Theater, Fabriken, Parks, Kindergärten und Freizeiteinrichtungen in Fertigbauten sowie selbstgebauten Häusern. Eine Reihe von Unternehmen einschließlich des kubanischen Instituts für petrochemische Forschung, diverser Tabakzentren, des Landwirtschaftsministeriums und der Handelsmarine stellten Mikrobrigaden für den Bau dieses acht Quadratkilometer großen Projekts zur Verfügung. Die benötigten Materialien kamen aus den unterschiedlichsten Quellen: Trennwände wurden aus aufbereiteten Zuckerrohrabfällen hergestellt, Elektroleitungen

Das Mikrobrigaden-Projekt Alamar *von 1976 im Osten von Havanna besteht aus niedrigen Wohngebäuden, Grünanlagen und Gemeindeeinrichtungen. Ursprünglich für 40.000 Bewohner gedacht, beherbergt die Siedlung jetzt fast 100.000 Menschen.*

aus China importiert, Küchenherde kamen aus Nordkorea und Wasserrohre aus der Sowjetunion.

Obwohl man durch den Wohnungsbau die Slums in den Städten weitgehend eliminiert hatte, fehlten am Ende der siebziger Jahre immer noch schätzungsweise eine Million Wohneinheiten.[7] Zur Ergänzung der staatlichen Projekte wurde 1984 der Verkauf von Land und Wohneigentum auf dem freien Markt genehmigt sowie staatliche Kredite zu deren Erwerb angeboten. Nachweislicher Mißbrauch führte zwei Jahre später allerdings wieder zur Einschränkung des Verkaufs.

Die Mikrobrigaden bestanden weiter bis zum Zusammenbruch des Ostblocks 1989; als 1992 die sowjetische Wirtschaftshilfe wegfiel, fehlte die für den Kauf von Baumaterial und die Betreibung der landeseigenen Baufirmen notwendige finanzielle Unterstützung.

Aufgrund des Mangels an Benzin und Autos bleiben die Familien zu Hause, und in den überfüllten Wohnungen ist Fernsehen ein beliebter Zeitvertreib.

Was die Mammutprojekte der sechziger und siebziger Jahre betrifft, sind die Meinungen geteilt. Die Umstellung vom dörflichen Leben auf ein Leben in den Mehrfamilienhäusern großer städtischer Siedlungen war für viele Bewohner schwierig, obwohl es Bemühungen gab, Familien aus derselben Gegend auch in den neuen Städten gemeinsam unterzubringen. Was Siedlungsprojekte wie Alamar anging, so bemängelten einige, daß dort zwar Häuser gebaut wurden, das entsprechende Stadtleben aber fehlte. Sogar die niedrigeren vier- und fünfstöckigen Wohnhäuser auf dem Land wurden kritisiert, weil sie städtische Lebensmuster einführten, wo sie nicht hingehörten. Der ans Landleben gewöhnte *campesino* sah sich im obersten Stockwerk eines Mehrfamilienhauses mit denselben Problemen konfrontiert wie ein Stadtbewohner, nur daß diese jetzt mehr und mehr auch

Ein kleines Wohnhaus, das in den achtziger Jahren für Alt-Havanna entworfen wurde, zeigt das Interesse an postmodernem Design, was an der gezackten Dachlinie und den geometrischen Formen der Fenster deutlich wird.

auf dem Land zunahmen. Die Fertigbausysteme, die auf Modelle aus nördlichen Ländern zurückgingen, waren denkbar schlecht für das tropische Klima geeignet, und die Betonbauten wiesen beträchtliche Verschleißerscheinungen auf. Und es ist nie gelungen, Mittel und Wege zu finden, die eine Versorgung der lokalen Baustellen mit dem nötigen Material sicherstellten.

Nach dem Wegfall der sowjetischen Wirtschaftshilfe im Jahre 1992 verhängte der Staat einen „Ausnahmezustand in Friedenszeiten"; alle Kubaner waren aufgerufen, der Not mit kreativen Lösungen zu begegnen. Not macht erfinderisch – und die Kubaner waren schon immer gut im Organisieren. Auf seine Weise erwies sich der Ausnahmezustand als natürliches Auslesesystem. Das Konzept der Hochhausbauten mit ihren technischen Problemen wurde zugunsten kleinerer Projekte aufgegeben. Ein erneuertes Mikrobrigadenprogramm beschäftigt sich seit Beginn des Ausnahmezustandes mit der Arbeit an Wohnungsbauprojekten, die auf sechs bis acht Ein- oder Zweifamilienhäuser beschränkt sind. Eine weitere Initiative der Mikrobrigaden hat die Renovierung bestehender Gebäude zum Ziel. Das Material wird gestellt, und Architekten und Ingenieure schulen die Bewohner darin, ihre eigenen Häuser und Wohnungen zu renovieren. Dieser Plan wurde in Cayo Hueso durchgeführt, einem Stadtteil von Ha-

Ein Wohnhaus in Santa Clara (rechts) zeigt bei den Mikrobrigaden-Wohnprojekten eine Tendenz zum Einfamilienhaus. Die Renovierungsarbeiten im Viertel Cayo Hueso in Havanna (unten) wurden von den Einwohnern selbst ausgeführt, mit Unterstützung von verschiedenen Ministerien, die die Schirmherrschaft für einzelne Straßen übernahmen.

Die Kubaner sind Meister im Improvisieren: Ramiro Heriberto González Rodríguez bettete leere Flaschen in Beton, um sein Familienhaus in Congoles (links) zu bauen. Die ganze Stadt half mit. Strohdächer in La Tumbita (unten) lassen die Bautraditionen der Arawak-Indianer wiederaufleben.

vanna, in dem jedes Ministerium die Schirmherrschaft für eine Straße übernahm und ein Team zusammenstellte.

Während der frühen Jahre der Revolutionszeit, als die unmittelbaren Bedürfnisse der Kubaner erfüllt werden mußten, wurde die Hochschulausbildung der Architekten in den engen Rahmen einer zentralisierten Planung gepreßt. Dies hat sich bis heute nicht geändert. Doch Mitte der achtziger Jahre gab es unter den jungen kubanischen Architekten eine Phase kreativer Experimentierfreudigkeit, die von einer kurzen Periode relativen Wohlstands begleitet war. Besonders das 270-Zimmer-Hotel *Santiago* von José Antonio Choy und zwei kleine Wohnhäuser der Mikrobrigaden von Eduardo Luis Rodríguez in Alt-Havanna sind Beispiele für die wenigen postmodernen Gebäude kubanischer Architekten, deren Entwicklung nicht bereits auf dem Zeichenbrett zu Ende war. Bemerkenswert an Rodríguez' Projekten ist das offenkundige Bemühen, sich mit einem Gefühl für Größenverhältnisse und ästhetischer Sensibilität mit diesem wichtigen historischen Stadtteil auseinanderzusetzen. Die klaren, eckigen Profile seiner Bauten und die Vorliebe für postmoderne Markenzeichen (wie das quadratische Fenster) erinnern an andere Gebäude dieser Stilrichtung, während Elemente wie der Innenhof (von dem staatlich beauftragten Architekten kritisiert, weil er zuviel Platz beanspruchte) die kubanische Tradition ins Spiel bringen.

Während des Ausnahmezustands brachte das völlige Fehlen von Geldmitteln und Materialien – sowohl einheimischen als auch importierten – alle größeren Bauprojekte außerhalb des Tourismussektors zum Erliegen. Das Panamerikanische Dorf (1991) bei Cojímar, zu dem ein Hotel, Wohngebäude, Sporthallen sowie ein Stadion für die Panamerikanischen Spiele gehören, ist das letzte Stadtplanungsprojekt, das in Kuba verwirklicht wurde. Ansonsten beschränken sich die größeren Bauaktivitäten auf neue Hotels, vorwiegend in Varadero und in Havannas Bezirk Monte Barreto, aber auch in Santa Lucía, Cayo Levisa, Cayo Coco, Marea del Portillo und Santiago.

In einer Zeit des wirtschaftlichen Überlebenskampfs kann diese Entwicklung nicht überraschen. Unmittelbar nach der Revolution hatte Castro alle

Das Hotel Santiago *wurde 1986 während eines kurzen Baubooms begonnen. Entworfen wurde es von José Antonio Choy, der mit Hilfe riesiger geometrischer Formen und unter Verwendung der Primärfarben ein postmodernes Gebäude am Stadtrand schuf.*

Eduardo Luis Rodríguez' Entwurf für das Consultorio y Viviendas del Médico de la Familia, *ein kleines Wohnhaus mit Klinik, war der Versuch, einen neuen Bau in das Umfeld von Alt-Havanna zu integrieren. Dieses dreistöckige Gebäude, das sich den Größenverhältnissen des Stadtviertels anpassen mußte, weist traditionelle kubanische Merkmale wie Galerien und einen Innenhof auf.*

Miguel Quinteros Vorhaben, neuen Wohnraum in den früheren Slumvierteln Van Van und Venceremos in Santiago zu schaffen, führte zur Entstehung kleiner Wohnblocks mit Zwei- und Dreizimmerwohnungen (links); Balkone und unterschiedliche Ebenen der Häuserfront brachten Struktur und Abwechslung in die Fassaden. Die Acapulco-Tankstelle von 1950 (unten) wurde 1990 von Heriberto Durerger mit postmodernen Elementen umgebaut.

Im Panamerikanischen Dorf bei Cojímar gab es eine "Hauptstraße" mit Wohnungen, Läden und Dienstleistungszentren (rechts). Es wurde von einem Team unter der Leitung von Roberto Caballero entworfen, um die ausländischen Sportler während der Panamerikanischen Spiele 1991 unterzubringen. Der 1977 gebaute Sportkomplex Ateneo Deportivo Armando Maestre *(unten) war das erste Gebäude in Santiago, bei dem vorgefertigte Konstruktionselemente aus Metall verwendet wurden.*

Formen des Tourismus als imperialistische Dekadenz verdammt. Bestehende Hotels konfiszierte man; einige wurden für inländische Reisende weitergeführt, während der Rest anderweitig genutzt wurde. Der Bau der ersten Hotels der Revolutionszeit begann in den siebziger Jahren; diese Plattenbauten sollten kubanischen Arbeitern als Feriendomizil dienen. Das Geschäft mit dem Auslandstourismus wurde im gleichen Jahrzehnt wiederaufgenommen; der kubanische Staat stellte im Winter (der kubanischen Nebensaison) den Ostblockstaaten, Spanien und Kanada leerstehende Hotelzimmer im Austausch gegen Güter wie Öl und Maschinen zur Verfügung. Ende der siebziger Jahre nahm das Geschäft zu; Reisebüros entstanden und boten ihre Dienstleistungen Exilkubanern an, die ihre Verwandten besuchen wollten.

Mit der Zunahme des Tourismusgeschäfts in den achtziger Jahren verbesserte sich auch der Komfort in den Hotels. Heute ist die Tourismusbranche der am schnellsten wachsende Wirtschaftszweig, der nach der Zuckerproduktion den zweitgrößten Profit abwirft. 1984 konnte Kuba weniger als 200.000 Besucher aus dem Ausland verzeichnen; zehn Jahre später hatte sich diese Zahl verdreifacht und war damit auf den doppelten Jahresdurchschnitt der Batista-Ära angewachsen. Ein staatliches Tourismus-Entwicklungsprogramm tätigte Investitionen in Höhe von 300 Millionen Dollar in elf Touristeneinrichtungen in Monte Barreto. 30.000 Hotelzimmer sind allein für Varadero bis zum Jahre 2000 geplant; bis dahin wird eine jährliche Besucherzahl von 5 Millionen erwartet. Die Mehrzahl der neuen Hotels sind Joint Ventures zwischen Kuba und ausländischen Investoren, vorwiegend aus Spanien, Mexiko, Frankreich, Deutschland, Italien, den Niederlanden und Kanada. Die neuen Hotels, die gewöhnlich von dem ausländischen Partner geleitet werden, sind oft Neuauflagen von Projekten, die für andere Ferienorte wie z. B. Cancún gebaut wurden, und haben wenig oder gar keine Beziehung zu ihrer Umgebung.

Der Tourismus ist ein Grund für Kubas jüngste Bemühungen um die Erhaltung der historischen Bausubstanz. Obwohl die Innenstädte in besorgniserregender Weise verfielen, als die Bauaktivitäten sich auf das Land verlagerten, hat diese Vernachlässigung sie komischerweise gerettet, weil sie dadurch von weiterer Verschandelung durch Neubauten verschont blieben. Deshalb sind die Stadtkerne aus dem 16. Jahrhundert in Havanna, Trinidad und Santiago heute noch erhalten, deren teilweise restaurierte historische Viertel viele Touristen anziehen und zu Kubas wichtigsten Devisenquellen zählen.

Das Bemühen um Erhaltung der alten Bausubstanz ist ein relativ neues Phänomen in Kuba. Ob-

Das Panamerikanische Stadion von Emilio Castro entstand 1991 als Teil des Komplexes der Panamerikanischen Spiele, der außerdem Sporthallen, Schwimmbecken und Tennisplätze enthielt.

Das Hotel Moka *von Mario Girona in Las Terrazas (ganz oben) verwendet die traditionelle kubanische Galerie und Lehmziegeldächer. Im Hotel der Kosmonauten in Varadero (oben) ist diese Galerie auf den neuesten Stand gebracht; das Gebäude scheint ausschließlich auf vier Säulen im Sand zu ruhen, aber in Wirklichkeit wird es von einem 1.100 Tonnen schweren Stahlträger gestützt, der mit Hilfe hydraulischer Hebebühnen installiert wurde. Das von einem spanischen Management geführte* Hotel Mélia *in Varadero (rechts) ist ein typisches Beispiel für die riesigen Ferienanlagen, die in den neunziger Jahren von Joint Ventures entwickelt wurden.*

wohl ein Artikel der kubanischen Verfassung bereits 1940 die Erhaltung von Baudenkmälern und Plätzen festschrieb, fanden Bemühungen in dieser Richtung vor der Revolution von 1959 keine breite Unterstützung in der Öffentlichkeit und blieben auf die wichtigsten Wahrzeichen wie die *Plaza de Armas* und *El Morro* beschränkt. Im Gegensatz zu den eher sporadischen Versuchen in den Jahren nach dem Zweiten Weltkrieg hat die Revolutionsregierung ein umfassendes gesetzliches Regelwerk zum Schutz einzelner Denkmäler, ganzer Städte (dazu gehören die sieben ursprünglichen spanischen *villas* aus den Jahren 1512 bis 1515) und Landstriche geschaffen.

Das staatliche Erhaltungsprogramm wird gemeinsam von der Akademie der Wissenschaften und dem Patrimonialrat verwaltet, einer Abteilung des Kultusministeriums, das wiederum Teil des übergeordneten Ministerrats ist. Zusätzlich enthält die derzeitige Verfassung von 1976 zwei wichtige Bestimmungen, Gesetz eins und Gesetz zwei, die jeweils das „Staats-

Die Restaurierung von Gebäuden in den historischen Zentren erfordert die Wiederbelebung traditioneller Handwerkstechniken. Ein Kunsthandwerker bei der Arbeit in Alt-Havanna (rechts). Teststreifen in der dekorativen cenefa *in* Guachinango, *einem* ingenio *in Trinidad, offenbaren darunterliegende frühere Malereien (unten).*

Ein Handwerker repariert die Lamellenfensterläden oder persianas *im* Colegio de San Ambrosio *aus dem 17. Jahrhundert, das nach seiner Restaurierung heute als Restaurant und Museum genutzt wird und unter dem Namen* Casa de los Arabes *in Alt-Havanna zu finden ist.*

Die Sanierung des Malecón, der in sehr schlechtem Zustand ist, betrifft vierzehn Straßenblocks. Über die Hälfte des 50-Millionen-Dollar-Etats wurde von der spanischen Regierung aufgebracht.

erbe" (die eigentlichen Hinterlassenschaften aus der kubanischen Geschichte wie Kunstwerke und Gebäude) und das „Kulturerbe" (nach einem abstrakteren Konzept festgelegte kulturelle Werte) bestimmen. Die Gruppe CENCREM (*Centro Nacional de Conservación, Restauración y Museologia*), die ihren Sitz in Havanna hat, inventarisiert und bestimmt den Wert von historischen Stätten im ganzen Land und befindet über die staatliche Strategie zu ihrer Erhaltung. Sie wurde 1982 gegründet, im selben Jahr, in dem die UNESCO die Altstadt Havannas in Anerkennung ihres internationalen historischen und archäologischen Werts zum Weltkulturerbe erklärte. (Auch Trinidad und dem *Valle de los Ingenios* wurde sechs Jahre später der Status als Weltkulturerbe verliehen.)

Ähnlich wie in den westlichen Ländern ist man auch in Kuba davon abgerückt, isolierte Baudenkmäler zu restaurieren, und bemüht sich darum, die

größeren Zusammenhänge im Blick zu behalten: Die Kubaner wollen „lebendige Städte" ohne musealen Charakter, in denen die Bevölkerung weiterleben kann wie bisher. Die gegenwärtige Politik in Alt-Havanna ist dafür das beste Beispiel. Dieser Bezirk ist das Herz der ursprünglich von Mauern umgebenen kolonialen Hauptstadt, die 1514 gegründet wurde, und eines der beliebtesten Touristenziele in Kuba. Ein 214 Hektar großes Gebiet mit etwa 4.000 Gebäuden im spanischen Barock-, Neokolonial- und Jugendstil ist derzeit das Thema einer umfassenden Computerstudie, die vom Büro für Stadtgeschichte durchgeführt wird, um einen detaillierten Generalplan für die Restaurierung und touristische Erschließung des Bezirks zu erstellen.

Um den unterschiedlich gelagerten Bedürfnissen der Besucher wie der kubanischen Einwohner gerecht zu werden, werden die Gebäude, ihrem historischen

Die Restaurierungsarbeiten an der Casa del Marino, *einem kleinen Haus innerhalb eines Klosters des Ordens Santa Clara de Asís in Havanna, wurden im Jahre 1996 abgeschlossen. Das Gebäude bietet jetzt Übernachtungsmöglichkeiten für Gastschüler.*

Die Schmiedearbeiten und die farbigen mediopuntos *der ehemaligen* Casa de Santiago C. Burnham *in Havanna wurden im Jahre 1993 restauriert. Das Gebäude dient jetzt als* Casa Simón Bolívar.

und aktuellen Wert entsprechend, in vier verschiedene Kategorien eingeteilt. Als Gebäude ersten Grades gelten Museen, als Gebäude zweiten Grades Hotels, Schulen, Büros und Restaurants; die beiden unteren Kategorien, die theoretisch die größte Fluktuation verkraften können, sind für Wohnzwecke ausgewiesen. Dennoch herrscht weiterhin ein Wohnungsmangel in der Gegend, und fehlende Geldmittel und Baumaterialknappheit verhindern die Renovierung der meisten Wohnhäuser. Der Großteil der Instandhaltungsbemühungen konzentriert sich auf devisenbringende Tourismuseinrichtungen wie Cafés und Hotels, die oft in Palästen aus dem 18. Jahrhundert untergebracht sind. Dennoch betrachten die Kubaner jetzt, wo Restaurierungsarbeiten im ganzen Land im Gange sind, die Erhaltung ihrer historischen Gebäude und Stadtviertel als unumgänglich, will man das kulturelle Erbe lückenlos bewahren, und sehen darin eine Antwort auf die Suche nach der kubanischen Identität.

Die Restaurierungspläne für die Plaza Vieja *in Havanna sehen die Beseitigung des unterirdischen Parkplatzes, der 1952 gebaut wurde, und den Umbau der ehemaligen kreolischen Paläste zu Wohnhäusern vor.*

ABRISS DER KUBANISCHEN GESCHICHTE

ca. 1000 v. Chr. - ca. 1000 n.Chr.: Ciboney Indianer ziehen in den mittleren Westen von Kuba.
ca. 800 - ca. 1450: Weitgehende Verdrängung der Ciboney durch allmählich nachrückende Arawak Indianer (Sub-Taíno und Taíno).
1469: Ferdinand II. von Aragón heiratet Isabella von Kastilien.
1479: Ferdinand II. wird zum König von Aragón gekrönt.
1492: Offizielles Ende der moslemischen Herrschaft in Spanien; Christoph Kolumbus entdeckt Kuba.
1494: Vertrag von Tordesillas; Spanien und Portugal teilen die Neue Welt unter sich auf.
1512: Diego Velázquez de Cuéllar gründet mit Baracoa die erste Siedlung auf Kuba; bis 1515 Gründung von sieben Städten.
1515: Santiago de Cuba wird kubanische Hauptstadt.
1516-56: Karl I., Herrscher der Niederlande und Erbe der habsburgischen Herrschaftsgebiete in Österreich und Süddeutschland, regiert in Spanien.
1519: San Cristóbal de Habana wird vom ursprünglichen Standort Batabanó an der Südküste an Kubas Nordküste umgesiedelt; Entdeckung Mexikos.
1522-33: Letzter großer Indianeraufstand.
1523-24: Der erste große Transport von afrikanischen Sklaven, die in den Minen arbeiten sollen, trifft in Kuba ein.
1553: Gouverneurssitz wird von Santiago nach Havanna verlegt.
1556-98: Regierung Philipps II. in Spanien.
1561: Spanische Flotte begründet.
1573: Neue Gesetze der Westindischen Inseln kodifiziert.
1592: Philipp II. verleiht dem Dorf Havanna den Titel „Stadt"; Bau des Aquädukts *Zanja Real* in Havanna.
1598-1621: Regierung Philipps III. in Spanien.
1607: Kuba wird in zwei Verwaltungsbezirke aufgeteilt, und Havanna wird durch königlichen Erlaß offiziell als Hauptstadt anerkannt.
1639-50: Bau des ersten Verteidigungssystems in Havanna abgeschlossen (*Fuerte de Santa Dorotea de Luna de la Chorrera, Fuerte de Cojímar, Torreón de Bacuranao* und *Torreón de San Lázaro*).
1665: Beginn des Baus der Befestigungsmauern um Havanna.
1665-1700: Regierung Karls II. in Spanien.
1697: Frieden von Rijswijk beendet Piratentum in der Karibik.
1700: Spanien fällt an die Bourbonen; Herzog von Anjou krönt Philipp V. (1700-46).
1717: Erster bewaffneter Aufstand in Kuba gegen spanische Monopole (Tabak).
1723: Gründung der ersten kubanischen Druckerei.
1728: Gründung der Universität von Havanna (*Real y Pontificia Universidad de San Jerónimo de La Habana*).
1733: Unterordnung aller kubanischen Verwaltungsbezirke unter die Gerichtsbarkeit Havannas.
1746-59: Regierung Ferdinands VI. in Spanien.
1748: Havanna wird Bistum.
1759-88: Regierung Karls III. („Reformistenkönig") in Spanien.
1762: England erklärt Spanien den Krieg; Havanna und die westliche Hälfte Kubas werden an England abgetreten; Havanna wird offener Hafen.
1763: Kuba fällt an Spanien zurück gemäß dem Vertrag von Paris, der den Siebenjährigen Krieg beendet; Felipe de Fonsdeviela y Ondeano, Marqués de La Torre, wird neuer Gouverneur von Kuba.
1767: Jesuiten werden aus Spanien und Spanisch-Amerika vertrieben.
1788-1808: Regierung Karls IV. in Spanien.
1789: Ausbruch der Französischen Revolution; Kuba wird zwei kirchlichen Herrschaftsgebieten zugeteilt (im Osten dem Bischof von Santiago de Cuba, im Westen, zusammen mit Florida und Louisiana, dem neuen Bistum Havanna); freier Sklavenhandel wird durch königlichen Erlaß erlaubt.
1791: Revolution in Haiti; Zucker- und Kaffeepflanzer fliehen nach Kuba; Kuba wird größter Zuckerproduzent und Sklavenimporteur der Karibik.
1792: *La Sociedad Económica de Amigos del País* wird gegründet.
1793: Erste öffentliche Bibliothek.
1794: Erste Dampfmaschine wird importiert.
1808: Die spanische Krone kommt durch Napoleon zu Fall, der seinen Bruder Joseph auf den spanischen Thron setzt; Thomas Jefferson versucht, Spanien Kuba abzukaufen.
1809-10: Román de la Luz und Joaquín Infante führen die erste kubanische Unabhängigkeitsbewegung an, zu der auch Kreolen und freie Schwarze gehören.
1810-26: Unabhängigkeitskriege in den Kolonien des lateinamerikanischen Festlands führen zur Einwanderung spanischer Loyalisten in Kuba, das als „Insel der ewigen Treue" gilt.

1811: Gründung des ersten kubanischen Opernensembles.
1814-33: Regierung Ferdinands VII. in Spanien.
1818: Kuba öffnet sich dem freien internationalen Handel.
1819: Erste Dampfschiffahrtslinie.
1820: Spanien schafft den Sklavenhandel ab (gilt nicht für Kuba).
1833: Isabella II. besteigt den spanischen Thron.
1837: Inbetriebnahme der ersten Eisenbahnlinie Lateinamerikas in Kuba.
1843-44: Ausbruch von Sklavenaufständen auf Zuckerplantagen in Matanzas.
1847: *Club de La Habana*, Zentrum der kreolischen Bewegung für die Annexion durch die Vereinigten Staaten, wird gegründet.
1848: Präsident der Vereinigten Staaten, James Polk, versucht Kuba zu kaufen.
1850: Kubanische Pflanzer finanzieren und führen Feldzüge gegen spanische Garnisonen.
1853: José Martí (José Julian Martí Pérez), Dichter, Redner und Held der nationalen Unabhängigkeitsbewegung, wird geboren.
1853-73: Über 132.000 chinesische Kulis werden mit Acht-Jahres-Verträgen nach Kuba verschifft.
1857: Zusammenbruch des Zuckermarktes.
1863: Havannas Stadtmauern werden abgerissen.
1865: Gründung der Reformistischen Partei.
1868: Carlos Manuel de Céspedes befreit Sklaven und beginnt den Zehnjährigen Unabhängigkeitskrieg; Isabella II. wird abgesetzt.
1875: Wiederherstellung der spanischen Monarchie.
1878: Kuba schließt Waffenstillstand mit Spanien (Vertrag von Zanjón), um den Zehnjährigen Krieg zu beenden, gewinnt aber keine Unabhängigkeit; die Insel wird in sechs Provinzen aufgeteilt: Pinar del Río, Havanna, Matanzas, Santa Clara, Puerto Príncipe und Santiago de Cuba.
1880-86 Abschaffung der Sklaverei.
1892: José Martí plant den Generalaufstand, gründet die Kubanische Revolutionspartei in Tampa, Florida; erstmalig wird eine Zuckerernte von einer Million Tonnen erzielt.
1895: Beginn des zweiten Unabhängigkeitskrieges; José Martí wird getötet.
1898: Intervention der Vereinigten Staaten zur Unterstützung der Unabhängigkeit Kubas; U.S.S. Maine explodiert und sinkt im Hafen von Havanna und löst den Krieg zwischen Spanien und Amerika aus; Staatsgewalt Kubas geht laut Vertrag von Paris an General Shafter (17. Juli); erste militärische Besetzung und Übergangsregierung durch die Vereinigten Staaten.
1901: Entwurf der kubanischen Verfassung; mit dem Platt Amendment sichern sich die Vereinigten Staaten das Recht auf Intervention in Kuba; Tomás Estrada Palma zum Präsidenten gewählt; erste Autos in Havanna.
1902: Staatsgewalt geht von den Vereinigten Staaten wieder an Kuba über; Gründung der Republik Kuba (20. Mai).
1903: USA errichten Flottenbasis in Guantánamo.
1904: Erste Wahlen für die Nationalversammlung in Kuba.
1906-09: Liberale Kräfte rebellieren gegen Estrada Palma; erneute militärische Intervention in Kuba und Einrichtung einer provisorischen Regierung durch die Vereinigten Staaten.
1908: José Miguel Gomez für vierjährige Amtszeit zum Präsidenten gewählt.
1912: Mario Menocal für vierjährige Amtszeit zum Präsidenten gewählt (Wiederwahl 1916).
1917: Kuba erklärt Deutschland den Krieg.
1920: Alfredo Zayas zum Präsidenten gewählt; zwischen Februar und Mai Höchststand der Zuckerpreise im berühmten „Tanz der Millionen", danach Preissturz im Dezember und nachfolgende Wirtschaftskrise.
1924: Gerardo Machado zum Präsidenten gewählt.
1925: Kommunistische Partei Kubas in Havanna gegründet.
1928: Gerardo Machado für zweite, sechsjährige Amtszeit gewählt.
1933: Gerardo Machado nach Miami verbannt; Carlos Manuel de Céspedes und Ramón Grau San Martín werden nacheinander zum Präsidenten gewählt.
1934: Die Regierung Grau wird durch Fulgencio Batista gestürzt und Carlos Mendieta als Präsident eingesetzt; die Vereinigten Staaten heben das Platt Amendment auf.
1935: Mendieta tritt, unter Druck geraten, zurück und wird durch José Barnet ersetzt.
1936: Miguel Mariano Gómez wird als Präsident eingesetzt, von Batista seines Amtes enthoben und durch Federico Laredo Brú ersetzt.

1938: Kommunistische Partei als gesetzliche politische Körperschaft anerkannt.
1940: Fulgencio Batista für vierjährige Amtszeit zum Präsidenten gewählt; Kommission für Denkmäler, Gebäude sowie historische und künstlerische Stätten für Havanna gegründet.
1942: Kuba erklärt Italien, Deutschland und Japan den Krieg.
1944: Batista verliert erneute Wahl gegen Grau San Martín.
1948: Carlos Prío Socarrás für vierjährige Amtszeit zum Präsidenten gewählt.
1950: Erste Fernsehübertragung.
1952: Fulgencio Batista reißt in einem Staatsstreich die Macht an sich und verhängt siebenjährige Diktatur; Unterstützung seiner antikommunistischen Politik der freien Marktwirtschaft durch die Vereinigten Staaten.
1953: Fidel Castro und Anhänger greifen die Moncada Garnison in Santiago de Cuba an (26. Juli); Sturz des Batista-Regimes schlägt fehl.
1954: Batista für zweite vierjährige Amtszeit gewählt.
1955: Castro bildet Guerilla-Truppen in Mexiko aus; Zusammenarbeit mit Ernesto „Che" Guevara.
1956: Castro kehrt an Bord der *Granma* nach Kuba zurück.
1957: Castro führt die erste erfolgreiche Guerilla-Operation in den Bergen der Sierra Maestra an; Mitglieder der Widerstandsgruppen Directorio und Auténticos greifen das Präsidentenpalais an; der Directorio-Führer José Echeverría wird getötet.
1959: Batista flieht; die Regierungsmacht geht an die Bewegung 26. Juli über; erstes Agrar- und Bodenreformgesetz.
1960: Rassendiskriminierung offiziell verboten; Wiederherstellung diplomatischer Beziehungen zwischen Kuba und der Sowjetunion; Verstaatlichung größerer ausländischer Firmen; zweites Bodenreformgesetz.
1961: Die von den USA unterstützte Invasion in der Schweinebucht an der Playa Girón scheitert (17. April); die Vereinigten Staaten beenden diplomatische Beziehungen und verhängen Handelsembargo; Castro bekennt sich offiziell zum Marxismus-Leninismus.
1962: Kubakrise; Einreise für Amerikaner in Kuba verboten; Kuba aus der Organisation amerikanischer Staaten (OAS) ausgeschlossen.
1963: Zentralplanung im Bauwesen eingeführt; zweites Agrarreformgesetz.
1965: Kommunistische Partei Kubas formiert sich.
1967: Che Guevara wird in Bolivien getötet.
1971: Erste Mikrobrigaden werden formiert.
1975: Kubanische Truppen marschieren in Angola ein; Kuba wird in fünfzehn Provinzen aufgeteilt: Pinar del Río, Havanna, Havanna-Stadt, Matanzas, Cienfuegos, Villa Clara, Sancti Spíritus, Ciego de Avila, Camagüey, Las Tunas, Holguín, Granma, Santiago und Guantánamo; erster Parteitag der Kommunistischen Partei Kubas.
1976: Verkündigung der Verfassung.
1980: Castro öffnet den Hafen von Mariel für Kubaner, die in die Vereinigten Staaten ausreisen wollen; 125.000 verlassen die Insel per Schiff.
1989: Zerfall des Ostblocks.
1990: „Ausnahmezustand zu Friedenszeiten" wird vom Staat erklärt; Sparmaßnahmen werden eingeleitet.
1992: Kuba verliert sowjetische Wirtschaftshilfe; die Vereinigten Staaten verfügen Torricelli-Gesetzesvorlage, die wirtschaftlich abhängigen Drittländern Handelsbeziehugen mit Kuba untersagt.
1996: Der amerikanische Kongreß beschließt das kubanische Demokratie- und Solidaritätsgesetz, das es amerikanischen und kubanischen Bürgern ermöglicht, vor amerikanischen Gerichten Verfahren gegen Firmen einzuleiten, die in enteigneten kubanischen Besitz investieren.

QUELLENANGABEN

KUBANISCHE WURZELN

1. Llilian Llanes, *Apuntes para una Historia sobre los Constructores Cubanos* (Havanna: Editorial Letras Cubanas, 1985), Jorge Rigau, *Puerto Rico 1900* (New York: Rizzoli, 1992) und Eduardo Tejeira-Davis, *Roots of Modern Latin American Architecture* (Heidelberg: Deutscher Akademischer Austauschdienst, 1987) – Diskussionen über Architektur und den Einfluß von zeitgenössischen Zeitschriften.
2. Tejeira-Davis, *Roots of Modern Latin American Architecture.*
3. Llanes, *Apuntes para una Historia sobre los Constructores Cubanos.*
4. Tejeira-Davis, *Roots of Modern Latin American Architecture.*
5. Roberto Segre, *Historia de la Arquitectura y del Urbanismo en America Latina y Cuba* (Havanna: Facultad de Arquitectura, 1981).
6. Lohania Aruca, Eliana Cardenas und Roberto Segre, *Historia de la Arquitectura y del Urbanismo III: America Latina y Cuba,* 2. Auflage (Havanna: Ediciones ENSPES, 1981).
7. John A. Loomis, „'Architecture or Revolution?' The Cuban Experiment", *Other Americas* (Frühjahr/Sommer 1994).

DIE SPÄTE KOLONIALZEIT

1. Rigau, *Puerto Rico 1900.*
2. Tejeira-Davis, *Roots of Modern Latin American Architecture.*
3. Zur Geschichte des Colón-Friedhofs siehe Lohania Aruca, „The Cristóbal Colón Cemetery in Havana", *The Journal of Decorative and Propaganda Arts,* Heft 22 (Miami: The Wolfson Foundation of Decorative and Propaganda Arts, 1996).
4. Rigau, *Puerto Rico 1900.*

DIE REPUBLIKANISCHE ÄRA

1. Eine ausgezeichnete Wirtschaftsanalyse der frühen republikanischen Zeit finden Sie bei Louis Pérez jr., *Cuba: Between Reform and Revolution* (New York: Oxford University Press, 1995).
2. Pérez jr., *Cuba: Between Reform and Revolution.*
3. Hugh Thomas, *Cuba: The Pursuit of Freedom* (New York: Harper & Row, 1971).
4. Pérez jr., *Cuba: Between Reform and Revolution.*
5. Felipe Préstamo, „The Architecture of American Sugar Mills: The United Fruit Company", *The Journal of Decorative and Propaganda Arts,* Heft 22 (Miami: The Wolfson Foundation of Decorative and Propaganda Arts, 1996).
6. Mario Coyula Cowley geht in seinem unveröffentlichten Artikel „La Habana de Enero", August 1994 auf dieses Thema ein.
7. Einzelheiten des Generalbebauungsplans für Havanna finden Sie bei Mario González, *About Schemes, Plans and Master Plans for Havana* (Havanna: Grupo para el Desarrollo Integral de la Capital, 1995).
8. Jean-François Lejeune, „The City as Landscape: Jean Claude Nicolas Forestier and the Great Urban Works of Havana, 1925-30", *The Journal of Decorative and Propaganda Arts,* Heft 22 (Miami: The Wolfson Foundation of Decorative and Propaganda Arts, 1996).
9. Lejeune, „The City as Landscape".
10. Tejeira-Davis, *Roots of Modern Latin American Architecture.*
11. José Gelabert-Navia, „American Architects in Cuba: 1900-1930", *The Journal of Decorative and Propaganda Arts,* Heft 22 (Miami: The Wolfson Foundation of Decorative and Propaganda Arts, 1996).
12. Tejeira-Davis, *Roots of Modern Latin American Architecture.*
13. ebd.
14. Carlos Venega Fornias, „Havana Between Two Centuries"; *The Journal of Decorative and Propaganda Arts,* Heft 22 (Miami: The Wolfson Foundation of Decorative and Propaganda Arts, 1996).
15. ebd.
16. ebd.

DIE ZEIT DER REVOLUTION

1. Statistiken über diese Periode bei Pérez jr., *Cuba: Between Reform and Revolution.*
2. Mario Lazo, *Dagger in the Heart: American Policy Failures in Cuba* (New York: Funk and Wagnalls, 1968).
3. Pérez jr., *Cuba: Between Reform and Revolution.*
4. Eine detaillierte Diskussion über die Architekten der Revolutionszeit bietet John Loomis in seinem ausgezeichneten Artikel „'Architecture or Revolution?' The Cuban Experiment".
5. Statistiken über Gesundheitsvorsorge bei Pérez jr., *Cuba: Between Reform and Revolution.*
6. ebd.
7. ebd.

LITERATUR

BÜCHER

Aruca, Lohania, Eliana Cardenas und Roberto Segre: *Historia de la Arquitectura y del Urbanismo III: America Latina y Cuba.* Havanna: Ediciones ENSPES, 1981.

Bevan, Bernard: *History of Spanish Architecture.* London: B.T. Batsford, 1938.

Bottineau, Yves: *Living Architecture: Iberian-American Baroque.* New York: Grosset and Dunlap, 1970.

Brusone, Julio Le Riverend: *La Habana, Espacio y Vida.* Madrid: Editorial MAPFRE, S.A., 1992.

Bullrich, Francisco: *New Directions in Latin American Architecture.* New York: George Brazilier, 1969.

Chase, Gilbert: *Contemporary Art in Latin America: Painting, Graphic Arts, Sculpture, Architecture.* New York: Free Press, 1970.

Cotarelo, Ramón: *Matanzas en su Arquitectura.* Havanna: Editorial Letras Cubanas, 1993.

Cueto, Emilio: *Miahle's Colonial Cuba.* Miami: The Historical Association of Southern Florida, 1994.

Fernández, José Manuel: *La Habana Colonial.* Havanna: Grupo para el Desarrollo Integral de la Capital, 1995.

Fernández, Ricardo Nuñez: *Land Planning & Development in Havana City: Two Study Cases.* Havanna: Grupo para el Desarrollo Integral de la Capital, 1996.

Foner, Philip: *A History of Cuba and its Relations with the United States,* Band 1 und 2. New York: International Publishers, 1962-63.

González, Mario: *About Schemes, Plans and Master Plans for Havana.* Havanna: Grupo para el Desarrollo Integral de la Capital, 1995.

Hitchcock, Henry-Russell: *Latin American Architecture since 1945.* New York: Museum of Modern Art, 1955.

King, Georgiana Goddard: *Mudéjar.* Bryn Mawr, Pennsylvania: Bryn Mawr College, Longmans, Green and Co., 1927.

Kostof, Spiro: *A History of Architecture: Settings and Rituals,* 2. Ausgabe. New York: Oxford University Press, 1995.

Kubler, George: *Art and Architecture in Spain and Portugal and their American Dominions.* Baltimore: Penguin Books, 1959.

Kusnetzoff, Fernando, Hrsg.: *America Latina en su Arquitectura.* New York: Holmes & Meier, 1981.

Lazo, Mario: *Dagger in the Heart: American Policy Failures in Cuba.* New York: Funk and Wagnalls, 1968.

Llanes, Llilian: *Apuntes para una Historia sobre los Constructores Cubanos.* Havanna: Editorial Letras Cubanas, 1985.

Mack, Gerstle und Thomas Gibson: *Architectural Details of Southern Spain.* New York: W. Helburn, Inc., 1928.

Mendez-Plasencia, Miriam und Margarita Suarez: *Museo de Arte Colonial.* Havanna: Editorial Letras Cubanas, 1995.

Pérez, Louis, Jr.: *Cuba: Between Reform & Revolution.* New York: Oxford University Press, 1995.

ders.: *Slaves, Sugar and Colonial Society: Travel Accounts of Cuba, 1801-1899.* Wilmington, Delaware: Scholarly Resources, 1992.

Préstamo, Felipe, Hrsg.: *Cuba: Arquitectura y Urbanismo.* Miami: Ediciones Universal, 1995.

Rallo, Joaquín und Roberto Segre: *Introducción Historica a las Estructuras Territoriales y Urbanes de Cuba 1519-1959.* Havanna: ISPJAE, Facultad de Arquitectura, 1978.

Rigau, Jorge: *Puerto Rico 1900: Turn-of-the-Century Architecture in the Hispanic Caribbean,* 1890-1930. New York: Rizzoli, 1992.

Rodríguez, Eduardo Luis und María Elena Martín: Guia de Arquitectura: *La Habana Colonial.* Sevilla, Havanna: Junta de Andalucia, Consijería de Obras Públicas y Transportes; Ciudad de la Habana, Dirección Provincial de Planificación Física y Arquitectura, 1995.

ders.: *La Habana: Map & Guide to 337 Significant Architectural Monuments in the Cuban Capital and its Surroundings.* Darmstadt: TRIALOG, 1992.

Segre, Roberto: *Arquitectura y Urbanismo Modernos: Capitalismo y Socialismo.* Havanna: Editorial Arte y Literatura, 1988.

ders.: *Historia de la Arquitectura y el Urbanismo en America Latina y Cuba.* Havanna: Facultad de la Arquitectura, 1981.

ders.: *Latin America in its Architecture.* New York: Holmes & Meier, 1981.

ders.: *La Arquitectura de la Revolución Cubana*. Montevideo: Universidad de la Republica, Facultad de Arquitectura, 1968.

Séptimo Congreso de la Unión Internacional de Arquitectos: *Cuba: la Arquitectura en los Países en Vías de Desarrollo* (Havanna, 1963).

Siebter Kongreß des Internationalen Architektenverbandes: *Cuba: Architecture in Countries in the Process of Development* (Havanna, 1962).

Simons, Geoffrey: *Cuba: From Conquistador to Castro*. New York: St. Martin's Press, 1996.

Tarr, Jashina Alexander: *A Collaborative Caribbean Preservation Strategy*. Washington, D.C.: Partners for Livable Places and Caribbean Conservation Strategy, 1982.

Tejeira-Davis, Eduardo: *Roots of Modern Latin American Architecture: the Hispano-Caribbean Region from the Late 19th Century to the Recent Past*. Heidelberg: Deutscher Akademischer Austauschdienst, 1987.

Thomas, Hugh: Cuba: *The Pursuit of Freedom*. New York: Harper & Row, 1971.

Suchlicki, Jaime: *The Historical Dictionary of Cuba*, Metuchen, New Jersey: Scarecrow Press, 1988.

Weiss y Sanchez, Joaquín: *La Arquitectura Colonial Cubana*. Havanna: Editorial Pueblo y Educación, 1985.

UNAICC: *Arquitectura de Cuba*, Band XLI, Nr. 375 (Havanna, 1992).

ARTIKEL

Acosta, Silvio: „La Arquitectura Moderna", *Colegio de Arquitectos de la Habana*, Band XII, Nr. 10 (November 1928).

Aruca, Lohania: „The Cristóbal Colón Cemetery in Havana", *The Journal of Decorative and Propaganda Arts*, Band 22. Miami: The Wolfson Foundation of Decorative and Propaganda Arts, 1996.

Coyula, Mario: „La Habana de Enero", unveröffentlichter Artikel. Havanna, 1994.

ders.: „La Habana Siempre", unveröffentlichter Artikel. Havanna, 1994.

Coyula, Mario und Luis Lápidus: „Historic Preservation in Cuba and Latin America", *Other Americas* (Frühjahr/Sommer 1994).

Fornias, Carlos Venegas: „Havana between Two Centuries", *The Journal of Decorative and Propaganda Arts*, Band 22. Miami: The Wolfson Foundation of Decorative and Propaganda Arts, 1996.

Gelabert-Navia, José: „American Architects in Cuba: 1900-1930", *The Journal of Decorative and Propaganda Arts*, Band 22. Miami: The Wolfson Foundation of Decorative and Propaganda Arts, 1996.

Lejeune, Jean-François: „Jean-Claude Nicolas Forestier: The City as Landscape", *New City*, Nr. 1 (Herbst 1991).

ders.: „The City as Landscape: Jean-Claude Nicolas Forestier and the Great Urban Works of Havana, 1925-1930", *The Journal of Decorative and Propaganda Arts*, Band 22. Miami: The Wolfson Foundation of Decorative and Propaganda Arts, 1996.

Loomis, John: „‚Architecture or Revolution?' The Cuban Experiment", *Other Americas*, Frühling/Sommer 1994.

ders.: „Walter Betancourt's Quiet Revolution", *Progressive Architecture*, Band 76, Nr. 4 (April 1995).

Menocal, Étienne-Sulpice: „Hallet and the Espada Cemetery: A Note", *The Journal of Decorative and Propaganda Arts*, Band 22. Miami: The Wolfson Foundation of Decorative and Propaganda Arts, 1996.

Peña, Victor Echenagusía: „Guachinango: La Imaginación de un Mundo a traves de sus Muros", *Siga la Marcha*, Nr. 6 (1995).

Porro, Ricardo und Toshio Nakamura: „Ricardo Porro", *A + U: Architecture and Urbanism*, Band 94, Nr. 3 (März 1994).

Préstamo, Felipe: „The Architecture of the American Sugar Mills: The United Fruit Company", *The Journal of Decorative and Propaganda Arts*, Band 22. Miami: The Wolfson Foundation of Decorative and Propaganda Arts, 1996.

Rigau, Jorge: „No Longer Islands: Dissemnination of Architectural Ideas in the Hispanic Caribbean, 1890-1930", *The Journal of Decorative and Propaganda Arts*, Band 20. Miami: The Wolfson Foundation of Decorative and Propaganda Arts, 1994.

Rodríguez, Eduardo Luis: „The Architectural Avant-Garde: From Art Deco to Modern Regionalism", *The Journal of Decorative and Propaganda Arts*, Band 22. Miami: The Wolfson Foundation of Decorative and Propaganda Arts, 1996.

ders.: „Our Man in Havana", *Interiors* (Juli 1994).

Segre, Roberto: „Havana Deco: Alquima Urbana de la Primera Modernidad", unveröffentlichter Aufsatz.

Taut, Bruno: „Naturaleza y Fines de la Arquitectura", *Colegio de Arquitectos de la Habana*, Band XII, Nr. 4 (April 1929).

ders.: „Wesen und Ziel der Architektur", *Bauwarte*, Nr. 4, S. 621 f. (1928).

REGISTER

Abarca, Silvestre *10*, 86
Academia de Pintura y Escultura de San Alejandro, La 20
Acapulco Tankstelle *207*
Acosta, Silvio 45
Alamar 199-200, 201
Alamo, I. I. del 135
Albear y Lara, Francisco José de 86
Alejo Sánchez, José 165, *166*
Alonso, Humberto 194
Alt-Havanna 7, *24*, *29*, 55, *78*, 143, *201*, 204, *206*, *212*, *213*, 214, 215
Alvarez, Raúl 176
Alvarez, Sandra 47
Antonelli, Juan Bautista 61, 62
Arabische Tradition 73
Arango y Parreño, Francisco de 80
Argüelles Haus 34
Arroyo, Nicolas 138
Art déco 34, 36-43, *159*, *167*, *175*, *179*, *181*
Ateneo Deportivo Armando Maestre *208*
Avenida Carlos III 86, *88*
Avenida del Puerto 138
Avenida Salvador Allende 86
Bacardí-Zentrale 38, *39*
Banco Nacional de Cuba *43*
Baracoa 51, 63, *175*
Barock 14, *19*, 20, 65, *67*, 79, *90-91*, 92, 96, *97*, 99, *110*, 115, *155*, *168*
Barozzi da Vignola, Giacomo 23
Basilika Virgen de la Caridad del Cobre 153, *155*
Batabanó 50
Batista, Eugenio 174
Batista, Fulgencio 6, 128, 135, 138, 142-143, *197*
Bayamo 51, 55, 63, 84
Beaux Arts 22-23, 24, 26, 143, 157, 165, *170*
Bejucal 63
Belau, Paul 147, 160, *164*
Betancourt, Louis 144
Betancourt, Walter 184-185, *186*
Bobadilla, Doña Inés de *48*
Bogardus, James 121
Borges, Max jr. 165, *166*, 169, 174
Borromini, Francesco 96
Bosch, Silverio *176*
Burle Marx, Roberto 176
Busto, Manuel del *163*
Caballero, Roberto *208*
Cabaña, La 120
Cabaret Tropicana 169
Cabarrocas, Félix *32*, 36, *37*, 144, 153
Calona, Francisco de 60, 61
Calzada de la Reina 86
Camacho, Lorenzo *63*, *68*
Camagüey *34*, 50, 51, 55, 63, *71*, *72*, *73*, *77*
Capablanca, Aquiles 148, *149*
Capitolio *128*, *133*, 143-147, 160
Cárdenas 20, 85, 120
Cárdenas, José 157
Cárdenas, Rafael de 174
Carranzana, Roberto 196
Carrerá, Manuel José *112*
Carrillo de Albornoz, Mariano 86
Carvajal Wohnsitz *170*
Casa de Alfred de Schultess 176, *178*
Casa de Diego Velázquez de Cuellar *73*
Casa de Fausto Menocal *160-161*
Casa de Julia Cueto de Noval *176*
Casa de la Obra Pía *20*, *79*
Casa de de las Américas *41*
Casa de los Arabes *213*
Casa de Rufino Alvarez *177*
Casa de Santiago C. Burnham *216*
Casa de Trova 6
Casa del Conde de Bayona *78*
Casa del Conde de Casa Lombillo *57*, *108*
Casa del Conde de San Juan Jaruco *79*
Casa del Conde de Santovenia *113*
Casa del Marino 63, *215*
Casa del Puente *177*
Casa Simón Bolívar *216*
Casál, Julián de 34
Casino Español 160, *162*
Castillo de le Real Fuerza 48, *49*, 55, 59-61
Castillo de los Tres Reyes del Morro 61, *62*
Castillo de San Pedro de la Roca 61
Castillo de San Salvador de la Punta 61, 138
Castillo de Santo Domingo de Atarés 86
Castillo del Morro 61, 137
Castillo del Principe, 86
Castro, Carlos María 86
Castro, Emilio *209*
Castro, Fidel 6, 41, 182, 190, *191*, 204
Cayo Coco 204
Cayo Granma *118*
Cayo Hueso 202
Cayo Levisa 204
Cayo Smith *118*
Cementerio de Cristóbal Colón 99, 103-104
Cementerio General de la Habana 20
Cementerio Santa Ifigenia, 99, 103-104
Centro Asturiano 160, 162, *163*
Centro de Investigaciones Cientificas *189*
Centro de Oro, El *36*
Centro Gallego 86, 160, 162, *164*, *165*
Cerro, El 86, 112, *113*
Céspedes, Carlos Manuel de 99
Céspedes, Carlos Miguel de 135
Choy, José Antonio 204, *205*
Churrigueras-Stil *67*, 68, 96, 99, 152
Ciego de Avila *26*
Cienfuegos 20, *28*, 85, 86, 96, *117*, *119*, *132*
Cienfuegos, Osmany 184
Cine América *169*
Cine-Oriente *167*
Cine-Teatro Fausto 167
Cinema Arenal *168*
Ciudad Universitaria José Antonio Echeverría (CUJAE) 46, 184, 194-195
Clínica Antonetti *44*
Clouet, Louis de 85
Club Naútico 165, *166*, 169
Club San Carlos *29*
Cobre, El *155*
Cojímar 204, *208*
Colegio de Arquitectos *43*
Colegio de San Ambrosio *213*
Colony Hotel *140-141*
Congoles *203*
Consultorio y Viviendas del Médico de la Familia *206*
Copado, Manuel *180*
Corbusier, Le 45, 143, 148
Country Club 135, *176*, 195
Cubanacán 135, *176*, 195
D'Acosta, Hugo 193
Dall'Aglio, Daniel *93*, 96
Dauval, Luis 157, *159*
Dediot, Eugenio *36*
Denkmalpark der Märtyrer der Revolution 190
De Pedro Haus 36, *37*
Domínguez, Sonia *189*, 190
DuPont Herrenhaus 30, *32*, *33*
Durerger, Heriberto *207*
Edificio America 169
Edificio del Seguro Médico *181*
Edificio FOCSA 178
Ermita del Potosí *64*
Escalera, José Nicolas de la *98*
Escobar, Emilio 191
Escuela Profesional 12
Escuela de Ingenieros 8
Esquiroz, Mario *43*
Fernández, José 194
Fernández de Trevejos, Antonio 86, 89
Fernández Ruenes, Rafael *39*
Fernandina de Jagua 85
Fertigbauprogramm 188
Figueras, Salvador *156*
Fonsdeviela, Felipe de 85
Forestier, Jean-Claude Nicolas 24, 36, *37*, 135, 137-138
Forstwirtschaft, Zentrum für *185*
Fortaleza de San Carlos de la Cabaña *10*
Freimaurertum 151
Fuerte de Cojímar 61, *62*
Fuerte de la Punta *50*
Fuerte de Santa Dorotea de Luna de la Chorrera 61
Funktionales Design *44*, 45
Funktionalismus 45, 174, 176, *178*
Galvan, Joaquín 186, *187*, *189*, 193
Garatti, Vittorio 195
Gaudí y Corner, Antonio 34
Gillespie, James 151-152
Girón-System *47*, 194
Girona, Mario 198, *210*
Gomez Mena Wohnsitz *23*
González, Mario 196
González Rodriguez, Ramiro Heriberto *203*
González Romero, Raúl *45*, *177*
Goodhue, Bertram 26, 151-152
Gottardi, Roberto 195
Govantes, Evelio *32*, 36, *37*
Goyeneche, Rafael 165, *166*
Gran Casino Nacional 165
Gran Logia *40*
Granpiedra, La *83*, *84*
Gropius, Walter 148
Guachinango *126*, *212*
Guanabacoa *63*, *64*, *68*, *70*, 85, *96*
Guantánamo *46*, 63, 84, 85
Guerra, César *138*
Guevara, Che *149*, 190, *191*
Guevara, Diego 135
Güines 85
Güisa *185*
Gutierrez, Henry 176
Haller, Étienne-Sulpice 20
Hauptbahnhof von Havanna 26
Haussmann, Baron Georges-Eugène 137
Havanna 6, 8, *10*, 13, *18*, 20, *21*, *23*, 24, *25*, 30, *33*, 36, 38, *40*, *41*, *43*, 45, 46, 50, 53, 55, *57*, *58-59*, 61, 63, 65, *66*, 73, *76*, 77, *78*, 79, 80, 85, 86, 88, 89, 96, 99, *100*, *102*, *103*, 104, *108*, *110*, *111*, 112, 120, 127, 128, 130, 131, 132, *133*, *134*, 135, 137, *142*, 143, 147, 148, *149*, *150*, *151*, 152, 153, *154*, 157, *159*, 160, *163*, *165*, 167, 169, 170, *171*, 176, *177*, *180*, *181*, 182, 184, 185, *186*, *189*, *192*, 193, 199, 202, 204, 209, 214, *215*, *216*, *217*
Havanna, Kathedrale 14, *19*, 96, *97*, 99, 127
Havanna, Konferenzzentrum 185
Havanna, Kunsthochschule *196*
Havanna, Yacht-Club 165, *166*
Heredia Theater 186
Hernández, Armando 190
Historismus 24, 26, *171*, *173*
Hochschule für Medizin *188*
Holguín 55, 84
Hospital de Maternidad Obrera 157
Hospital Infantil de la Habana Angel A. Aballi *159*
Hospital Infantil Docente Pedro Borras *159*
Hospital Militar 157
Hotel Aurora *47*
Hotel Capri *142*
Hotel der Kosmonauten 185, *210*
Hotel Globo *123*
Hotel Meliá *210-211*
Hotel Moka *210*
Hotel Nacional 26, *138-139*
Hotel Santiago, 204, *205*
Hotel Sevilla *29*
Humboldt, Alexander von 120
Iglesia de Jesus, La 153
Iglesia de la Santísima Trinidad, La *99*
Iglesia de Nuestra Señora del Carmen, La 153
Iglesia de San Antonio de Padua, La 153
Ingenio Manacas *82*
Innenministerium 148, *149*
Instituto de Enseñanza Superior 157
Intellektueller Modernismus 38, *43*, 45
Internationales Konferenzzentrum *186*
Isabelica, La *83*, *84*
Isla de la Juventud *47*, *119*, 135, *136*, *140-141*, *194*
Isla de Pinos 135, *140-141*, 142
Italienische Renaissancearchitektur *100*
Iznaga Hochhaus *85*
Jaruco 63
Johnson, Philip 184
Jugendstil *22*, *24*, *34*, *35*, *36*, 176
Kaffee 83-84
Kapitol 24
Karl I. 59
Karl III. 80
Kathedrale San Carlos *101*
Katholische Kirche 63, 99, 151, 184
Kirche Espíritu Santo 99, *100*
Kirche La Merced *154*
Kirche San Antonio de Padua *156*
Kirche San Francisco *2-3*
Kirche San Francisco de Asís, *20*, 65, *66*
Kirche San Juan Bautista *1*
Kirche San Salvador del Mondo *102*
Kirche Santa María del Rosario *98*
Kirche Santo Angel Custodio *153*
Kirche Santo Domingo *68*
Klassizismus 20-22, *24*, *25-26*, *29*, *34*, 36, *56*, 80, 86, 92, *93*, 96, 99, *100-101*, 112, *113-114*, 115, 127, 137, 148, *149*, *158*
Kloster und Kirche San Francisco *96*
Kloster Santa Clara de Asís 63, *215*
Kloster Santo Domingo *63*, *98*
Kolumbus, Christoph 6, 48
Kubanische Telefongesellschaft *30*, 152
Kubanischer Funktionalismus *176*
La Ya Ya 188, *189*
Labatut, Jean 36
Lalique, René 36, *37*
Laprade, Albert 36
Lemau, Félix *88*
Leninpark 193
Leveau 144
Loira, Calizto de 99
Lonja del Comercio *25*
Los Angeles Hospital *159*
Lyceum Lawn Tennis Club 165
Maceo, Antonio 193
Machado, Gerardo 24, 38, 135, *136*, 137, 144, 146
Malecón 137, *138-139*, 143, 147, *214*
Manicaragua 184, 198
Marea del Portillo 204
Marianao 135, 157
Martí, José 34, 36, 99, 138, *150*, 151
Martínez, Enrique 157
Martínez, Frank 174
Martínez Campos, Fernando *169*
Martínez Inclán, Pedro 135, 157
Matanzas *1*, 22, 55, 85, *101*, 104, *118*, 120, *162*
Matanzas, Feuerwache *143*
Maturi, Carlos 147
Medina, Pedro *10*, 86, 89
Mendigutía, José Antonio 34
Menéndez, José *39*
Menocal, Mario 144, 157
Mikrobrigaden-Wohnungsbau 199
Mira, Ricardo *179*
Miramar *42*, 135, 153, *156*, *166*, *168*, *173*, 174, *176*, 178
Modellgefängnis 135, *136*
Moderne *166*, 174, *176*
Molokoff-Markt *120*
Moncada-Garnison *41*
Monte Barreto 204, 209
Montoulieu, Enrique 132
Montserrat-Kapelle *100*
Morgan, Lloyd 165
Moriscos 13
Morro, El 6
Motalván, Josefina 194
Mudéjar-Tradition 10, 12, 13, *14*, 68, 74, 77, 79, 92, *109*
Mur, Tomás *25*
Murchison, Kenneth 30
Museo Emilio Bacardí 143, *144*
Museo Nacional de la Música *21*
Neobarock *19*
Neoklassizismus 132, 135
Neue Westindische Gesetze 53, 55, 86
Neutra, Richard 45, 176, *178*
Niemeyer, Oscar 45
Norman, Eloy *156*
Noyola, Carlos *189*
Nuestra Señora de Belén *18*
Nuestra Señora de la Asunción de Baracoa 50
Nuestra Señora de los Dolores *25*
Nueva Gerona *47*
Nueva Gerona, Mittelschule *157*
Nuevitas-Bucht 50
O'Farrill Haus *111*
Otero, Raúl 135, *137*, *138*
Palacio Borrell *125*
Palacio Brunet *104*
Palacio Cantero *105*, *106*
Palacio de Domingo Aldama 112
Palacio de Justicia 148, *149*
Palacio de la Marquesa de Villalba *114*
Palacio de los Capitanes Generales 89, *90-91*, 92
Palacio del Segundo Cabo 89, *90*, 160
Palacio del Valle *28*, *132*
Palacio Güasch *27*
Panamerikanisches Stadion *209*
Panamerikanisches Dorf 204, *208*
Parajón, Saturnino *167*
Parque Central *133*, 137, 160
Parque Céspedes *152*
Parque del Ajedrez *186*
Parque-Monumento de los Mártires Universitarios *192*
Parroquial Mayor 96
Paseo de Extramuros 86
Paseo de Isabel II 86
Paseo de Martí 86
Paseo del Prado 24, 86, 137, 160, 167
Pastor, Manuel *88*
Payrol, Onelia *189*
Perera, José *96*
Pérez Benitoa, José 157
Philipp II. 55, 61
Pinar del Río *21*, *27*, 83, 96, *123*, 128, *173*, 198
Plaza Cívica 138
Plaza de Armas 55, *58-59*, 86, 89, 92, 127
Plaza de la República 138, 148
Plaza de la Revolución 138, *150*, *191*, 193
Plaza de San Francisco *25*
Plaza Vieja *55*, *217*
Popa, La *64*
Porro, Ricardo 184, 195, *196*
Postmoderne 46, *201*, *207*
Prado, El 86
Prado Militar 86
Präsidentenpalais 147-148
Protestantismus 151
Puentes Grandes 85
Puerto Príncipe 50
Punta, La 120
Punta Gorda *117*
Quevedo, Manuel *25*
Quinta de los Molinos 86, *88*, 132, 138
Quintana, Antonio 184, 185, 193
Ramírez Ovando, Francisco *33*
Rancho Boyeros *88*
Rayneri, Eugenio 103, *114*, 144
Real Casa de Correos 89
Real Colegio Seminario de San Carlos y San Ambrosio *19*
Rebellón, Josefina 194
Regla 85, 120
Remedios *51*, 53, *67*, *87*, *89*
Restaurierungsbestrebungen 6
Roda, Cristóbal de 61
Rodríguez, Alberto *182*
Rodríguez, Eduardo Luis 204, *206*
Rodríguez Castells, Esteban *39*
Rojas, Pascual de *169*
Romañach, Mario 142, 144, 174, *176*
Rosich, Miguel *179*
Royal Bank of Canada *23*
Rubio, Manuel 194
Ruinas, Las, Restaurant 186, *187*, 193
Salinas, Fernando *45*, *177*, 184, 194, 198
San Antonio de los Baños 63, 85
San Carlos de la Cabaña 86
San Cristóbal de la Habana 50
San Juan Bautista *67*
San Juan de los Remedios del Cayo 50
San Lázaro 120
San Miguel 13
San Miguel de los Baños 120
San Pedro *100*
San Salvador de Bayamo 50
Sánchez, Bartolomé 59, *60*
Sanchez, Célia 184, 185
Sancti Spíritus 50, 53, 55, 73, 104, *107*, *113*, *114*, 127, 160
Santa Catalina Mönchskloster 63
Santa Clara *51*, 55, *191*, *202*
Santa Clara de Asís 65
Santa Cruz de la Sabana 50
Santa Lucía 204
Santa María del Puerto Príncipe 50
Santa María del Rosario 63, 96, *98*
Santamaria, Abel *190*
Santiago *23*, *25*, *29*, *41*, *43*, *47*, 50, *52*, 53, 55, 61, 63, *69*, *72*, 73, *77*, 84, 85, 92, 99, *144*, 148, *149*, 153, *159*, *167*, *174*, *175*, 186, *190*, 193, *197*, 199, 204, *207*, *208*, 209
Santiago, Kathedrale *130*, *152*
Santísima Trinidad, La 26, 50, 152
Saroa 198
Schultz, Paul 142
Seguí Divinó, Gilberto 184
Seminario de San Basilio 63
Serrano, López 178, *179*
Sert, José Luis 135
Sklaventum 50
Sociedad Económica de Amigos del País *21*, 80
Solymar Wohnkomplex *180*
Soto, Emilio de 157, *160-161*
Sowjetunion 184
Spanien 8, 48, 80
Spanisch-amerikanischer Krieg
Spanische Botschaft *33*
Spanischer Renaissance-Stil *163*
Spanischer Kolonialstil 26-34, *155*, 162
Staatliche Kunsthochschule 45, 195
Tacón, Miguel 86, *88*, 135
Taut, Bruno 45
Teatro Caridad *94*
Teatro Milanés 96
Teatro Nacional *151*
Teatro Sauto *93*, *94* *95*, 96
Teatro Tacón 86, 160, *164*
Teatro Tomás Terry 96
Templete, El 92
Terrazas, Las 198, *210*
Tiffany, Louis Comfort 148, *172*
Torre, Antonio María de la 92
Torre, Marqués de la 89
Tribunal de Cuentas 148
Trinidad *2-3*, 7, 53, *54*, 55, *56*, 59, *64*, 73, 77, 85, 104, *105*, *106*, *115*, *125*, 127, 131, 142, 209, 214
Trust Company of Cuba *24*
Tumbita, La *203*
Universität von Havanna 12, 22-24, 45, 128, 135, 137, *138*, 157, *158*
Valalta Saaverda, José 104
Valle de los Ingenios 7, *82*, 85, 104, *126*, 214
Van der Rohe, Mies 184
Van Van *207*
Varadero 30, *32*, *33*, *116*, 142, 143, 185, 204, 209, *210-211*
Vasconcelos, Emilio 135
Vedado *31*, *37*, 89, 132, 135, 137, *138-139*, 142, 143, 157, *159*, *172*, 178
Vedado, Tennis Club 165
Vega, Benjamín de la 157
Vega, Manuel 135
Velasco Kulturzentrum 184
Velázquez de Cuéllar, Diego 50
Venceremos *207*
Vereinigte Staaten 130
Vermay, Jean Baptiste 20, 80
Villa Conchita *113*
Villa Lita *172*
Villalón, José Ramón 157
Villas, Las *74*, 198
Viñales 83
Vista Alegre *131*, 132, 135, *174*
Weiss, Joaquín 157, *158*
Wiener, Paul Lester 142
Woods, Leonard 23, 137, 143
Wright, Frank Lloyd *185*
Zanelli, Angelo 144
Zanja Real (Aquädukt) 8, 61
Zárraga, Fernando de *43*
Zucker 50, 83-85, 128, 130-131, 182

Golf von Mexiko
USA
Florida Keys
Straße von Florida
Havanna
La Habana
Mariel
Artemisa
Güira de Melena
Güines
Surgidero de Batabanó
San Cristóbal
Minas de Matahambre
Pinar del Río
Pinar del Río
Arroyos de Mantua
Guana
La Fé
Nueva Gerona
Isla de la Juventud
Varadero
Matanzas
Cárdenas
Jovellanos
Colón
Matanzas
Villa C
Aguada de Pasajeros
Cienfuegos
Cienfuegos
Karibisches Mee
Cayma

Pinar del Río
La Habana
Matanzas
Isla de Pinos
Las Villas
Camagüey
Oriente
Provinzgrenzen vor 1960